Hilaria Supa Huamán
Awayu

Herzlichst,

[signature]

Hilaria Supa Huamán

Der Buchtitel *Awayu* bezeichnet das traditionelle vielfarbige Gewebe, das in der Andenregion vielfältig verwendet wird, u. a. als typisches Tragetuch der Frauen (oft auch *Unkhuña* genannt), die darin Lasten und auch Kinder transportieren. Breite und schmale Streifen mit Ornamenten und Figuren in kräftigen Farben haben bei weitem nicht nur Schmuckcharakter, sondern symbolisieren die andine Weltsicht: die verschiedenen Bänder stehen für den oberen Teil des Kosmos, in dem alles Seiende in Vergangenheit und Zukunft beheimatet ist, und auch für das Hier und Jetzt.

Mit ihrem packenden Lebensbericht verknüpft Hilaria Supa Huamán die Fäden ihrer eigenen Biographie mit denen der traditionellen andinen Welt.

Hilarias Muttersprache, das Quechua, war ursprünglich die Verwaltungssprache des Inkareichs und wird heute noch von rund 8 Millionen Menschen vorwiegend in Peru, Bolivien und Ecuador gesprochen.

Hilaria Supa Huamán

Awayu

Die Quechua-Frau Hilaria Supa Huamán
erzählt aus ihrem Leben

*Aus dem Spanischen von Dorit Heike Gruhn
unter Mitwirkung von Karin Kottenhahn*

Mit einleitenden Worten von Heiko Beyer, Waltraut Stölben
und Román Vizcarra sowie einem Nachwort von Sabine Fritz

Heiko Beyer & Markus Friedrich GdbR

Hilaria Supa Huamán
Awayu
Die Quechua-Frau Hilaria Supa Huamán erzählt aus ihrem Leben

Titel der Originalausgabe:
Hilos de mi vida: El testimonio de Hilaria Supa Huamán, una campesina quechua
Bei Willkamayu Editores, Lima 2001
©2001 Hilaria Supa Huamán, Waltraut Stölben

Für die deutsche leicht gekürzte Ausgabe:
©Heiko Beyer & Markus Friedrich GdbR, Vision 21, Fürth 2005
www.vision21.de

Beim spanischen Originaltext dieses Werkes handelt es sich um eine Niederschrift, die Waltraud Stölben von der mündlichen Erzählung Hilaria Supa Huamáns anfertigte.

Übersetzung: Dorit Heike Gruhn, Benemérita Universidad Autónoma de Puebla unter Mitwirkung von Karin Kottenhahn (Von Traum und Wirklichkeit, Wie wir die Welt sehen)
Lektorat: Susanne Igler
Fotos: Heiko Beyer, Vision 21
Umschlaggestaltung: Christian Seuling, Kornwestheim
Satz: Paul Gabriel, Nürnberg
Druck: Breitschuh & Kock GmbH, Kiel

2. korrigierte Ausgabe
ISBN 3-00-016609-2
Printed in Germany

Vorwort zur ersten deutschen Auflage

Im Jahre 2001 unternahm ich eine lange Reise durch Peru und war für eine Zeit Gast bei Waltraud Stölben in der Ortschaft Urubamba nahe Cuzco. Dort lernte ich auch Hilaria Supa Huamán kennen, deren Lebensbericht mich so sehr beeindruckte, dass ich sofort wusste: Hilarias Geschichte muss in meiner Heimat veröffentlicht werden! Aber bis es so weit war, sollte es noch einige Zeit und Mühen kosten. Nicht zuletzt durch das Engagement und die tatkräftige Hilfe vieler Freunde wurde der Traum dann doch Realität. Ich wünsche Hilaria, dass ihr außergewöhnlicher Lebensbericht auch im deutschsprachigen Raum die Beachtung findet, die er zweifelsfrei verdient!

Dr. Heiko Beyer, Vision 21

Vorwort zur zweiten korrigierten Ausgabe

„Sin embargo nada me detiene." - „Jedoch wird mich nichts aufhalten." So schrieb Hilaria in eine E-Mail, die mich am 18. Juni 2008 erreichte und in der sie all die Neuigkeiten aus ihrem weiterhin ereignisreichen Leben beschrieb. Dieser kurze Satz steht immer noch als Leitsatz für eine Frau, die die Hoffnung nie aufgab, die ihre scheinbar nie versiegende Energie und Kraft voll und ganz für ihre Sache einsetzt.

Viel ist in der Zwischenzeit geschehen: 2005 war Hilaria Gast in Deutschland wo sie auf einer Buchpräsentation in Erlangen vor dreihundert Gästen sprach und anschließend Awayu signierte.

Im Jahre 2006 trat sie als Kandidatin der *Unión por el Perú* bei den peruanischen Parlamentswahlen an und wurde prompt gewählt. Als erste Abgeordnete in der Geschichte Perus legte sie am 25. Juli ihren Eid in einer indigenen Sprache, dem Quechua, ab, gefolgt von ihrer Parlamentskollegin María Sumire, wofür beide von der Fujimori-Anhängerin Martha Hildebrandt und einigen weiteren Abgeordneten heftig kritisiert wurden.

Mit dieser zweiten Auflage von Awayu wollen wir fortfahren, den Lebensweg Hilarias einer deutschen Leserschaft zugänglich zu machen und diese beeindruckende Frau auf ihrem sicherlich nicht einfachen Weg zu unterstützen.

Dr. Heiko Beyer, Vision 21

Präsentation

Das vorliegende Buch gleicht einem Webstuhl, an dem Fäden aufgespannt sind, die von HILARIA SUPA HUAMÁN gesponnen wurden. Hilaria ist eine Quechua-Frau, der ich neun Jahre lang dabei zusah, wie sie Fäden aus der Wolle des Quechua-Volkes spann, wie sie die Lebensfäden verschiedener Frauen miteinander verwob, wie sie Fäden zusammenknüpfte, die vorher willentlich mit Gewalt oder einfach aus Unwissenheit zerrissen worden waren, wie sie die verlorenen Fäden einer unterdrückten Kultur wieder aufnahm, und wie sie in ihrer unermüdlichen Suche nach Gleichgewicht einen Webstuhl aufbaute, um auf ihm die Sonne mit dem Mond und die Vergangenheit mit der Zukunft zu verweben. Hilaria erzählt uns in ihrer ganz eigenen Ausdrucksweise ihre Erfahrungen und ihre Gedanken als Indígena, einfache Landbewohnerin, Frau und Anführerin.

Die spanische Originalausgabe konnte dank der finanziellen Unterstützung von Frauen in der Einen Welt und dank der liebevollen und tatkräftigen Mitarbeit von Gaby Franger, Flor Canelo, Román Vizcarra, Fielding Wood, Héctor Altamirano, Kike Pinto, Heiko Beyer und Zadir Milla fertiggestellt werden.

Obwohl Hilaria in äußerst widrige Lebensumstände hineingeboren wurde, besteht ihr Bericht nicht nur aus einer Auflistung von Leiden, sondern auch aus Erfolgen, Hoffnungen, und entschlossenen Schritten hin zu einem würdigeren Leben, in Einklang mit ihrer überlieferten Kultur. Hilaria vertraut uns ihre Geschichte an, in der Hoffnung, dass sie uns zum Nachdenken anregt und dass wir wirklich verstehen, was sie uns begreiflich machen möchte. Gelingt dies, so ist der Zweck dieser Arbeit erfüllt.

Waltraut Stölben

Vorwort

Am Anfang, als noch alles in Dunkelheit lag, wurde die Erde von riesigen Menschen, den *Ñaupamachus*,[1] bewohnt. Sie waren äußerst mächtig, und ihre Eitelkeit machte *Pachakamaq* irgendwann einmal so wütend, dass er die Sonne schickte. Vom Licht geblendet, flohen sie in die Höhlen der Berge, in die Seen und in die Schluchten. Und dort leben sie bis heute.

Von diesen *Paquarinas* oder Ursprungsorten ging eine andere Menschheit aus, einige Menschen gingen aus den Seen hervor, andere aus den Höhlen, alle aber aus der *Ukhu Pacha*, der Unterwelt, wo der Gärstoff des Lebens selbst entsteht.

So lebten sie also und versuchten, Ordnung herzustellen, doch sie begingen Fehler. Da schickte *Pachakamaq Wiraqocha*, das Lichtwesen, das an ihrem Leben teil hatte und ihnen vieles gab. Es lehrte und baute, belohnte die einen und bestrafte die anderen. Wir Quechuas lernten, in Harmonie zu leben. Unsere Gesellschaft war das Abbild der kosmischen Gesellschaft. Wir tanzten den chaotischen Rhythmus der Ordnung und so schufen wir in aller Demut eine Kultur, die gestaltet und sich gestalten lässt, in ewigem Wechselspiel mit *Pachamama*, unserer geliebten Mutter Universum.

Wir genossen diese so kostbare Harmonie, bis eines Tages andere Leute auftauchten, die behaupteten, im Namen des „einzigen Gottes" zu kommen. Wir empfingen sie als Gäste, ganz so wie es unseren Bräuchen entspricht, wir behandelten sie mit Respekt und Zuneigung, sie aber waren Verräter, die uns überfielen und Gold verlangten.

So lernten wir die Erniedrigung kennen. Eine dunkle und kalte Nacht kam über uns. Unsere Kinder wurden ermordet, ihre Körper verstümmelt, ihre Arme und Beine an ihre Mün-

---

[1] Die kursiv gedruckten Ausdrücke auf Spanisch und Quechua sowie im Text genannte Institutionen und Pflanzen sind am Ende des Buches im Glossar erläutert (Anm. d. Übers.).

der genäht. Was für makabere Puppen das waren, die da an Pfosten aufgehängt wurden, wo immer diese seltsamen Wesen auch vorbei kamen. Wir verstehen nicht, warum sie nicht ihre geschicktesten und ruhmvollsten Kämpfer aufstellten, um sich mit unseren tapferen Männern zu messen. Wir verstehen nicht, warum sie Kinder und Greise töteten. Der Terror fuhr uns bis in die Knochen. Die Frauen beschmierten ihre Körper mit Exkrementen, um nicht vergewaltigt zu werden.

Aber nichts hielt die Eindringlinge auf. In ihrer Gier nach Reichtum und Macht wurden sie sogar noch grausamer und wollten die absolute Kontrolle über unsere Körper und Seelen. Also machten sie sich daran, alles, was uns heilig war, auszulöschen. Im Namen der „Götzenausrottung", einem vom Vatikan geleiteten Feldzug, verfolgten sie systematisch unsere Zeremonien, unsere Musik und unsere Traditionen, wobei sie unsere Fähigkeit blockierten, mit dem Heiligen in Kontakt zu treten und es zu spüren.

In der „heiligen" Kolonie teilten die Fremden die besten Böden und Täler unter sich auf, Böden, die seit Jahrtausenden in Liebe und Respekt bebaut worden waren. Das Feudalsystem mit seinen Haciendas blieb lange Zeit bestehen. Doch selbst die scheinbare Befreiung vom kolonialen Joch, die sogenannte politische Unabhängigkeit, war ein absoluter Betrug, denn darunter verbarg sich Rassismus. Für die eingeborene Bevölkerung ging der Missbrauch weiter, und die scheinbaren Patrioten nahmen die Böden, die schon ihre spanischen Vorfahren geraubt hatten. Unsere Frauen und Mädchen wurden weiterhin misshandelt und unsere Männer wurden alkoholisiert; der Alkohol war nämlich ein Zahlungsmittel für die Zwangsarbeit der Leibeigenen.

Doch wir wurden nicht alle gefangen und versklavt. Viele Schwestern und Brüder flohen in die hohen Berge, wo sie in relativer Autonomie weiterleben konnten. Zwar mussten sie dort härter für ihr Überleben arbeiten, waren dafür aber nicht mehr der ständigen Belästigung durch die *Patrones* ausgesetzt. Weder die schlechten Böden, noch das unwirtliche Klima waren ein Hindernis für diejenigen, die die Sprache der

Liebe und des Respekts für alle Kreaturen beherrschten. Es gelang ihnen, etwas von der früheren Ordnung wiederherzustellen, von eben dieser Ordnung, deren Grundlage das *Ayni* bildet, der uralte Brauch des gegenseitigen Gebens und Nehmens, der bis auf den heutigen Tag in ihren Gemeinden eine lebendige Praxis und die Grundlage des Gemeinschaftslebens ist.

Doch gleichzeitig blieben Millionen Menschen in dem Alptraum gefangen und wurden bis in die 60-er und 70-er Jahre hinein mit Peitschenschlägen und sogar Verstümmelung von Körperteilen bestraft. Wenn sich auf den Haciendas indigene Anführer auflehnten und Widerstand leisteten, ließ der Großgrundbesitzer sie vor allen Augen ihre eigenen Exkremente essen. Allein die Erinnerung an all die Vorkommnisse, wie unsere Menschenwürde immer wieder mit Füßen getreten wurde, ist furchtbar. Aber unsere Herkunft wird von diesem schmerzhaften historischen Trauma bestimmt.

In den 60-er und 70-er Jahren wurde die Agrarreform durchgeführt, als Folge unseres Kampfes gegen den Landraub. Die großen Haciendas wurden in Parzellen aufgeteilt und die Böden denjenigen übergeben, die sie bearbeiteten. Neue indigene Bauerngemeinden wurden gegründet. Auf diese Weise lernte eine neue Generation eine scheinbare Freiheit kennen. Der *Patrón* war nun nicht mehr der Besitzer all des Landes, aber er lebt bis heute in unserem Unterbewusstsein weiter. Auch die Angst ist uns geblieben: die Angst zu gehen, die Angst zu denken, die Angst zu entscheiden, die Angst zu leben, die Angst vor der göttlichen Strafe, die Angst zu träumen, die Angst vor der Angst.

Es gibt zwei Arten von Indígenas: die einen dienten keinem *Patrón*, die anderen dienten einem. Die ersteren sind noch stark in ihren Traditionen, während die letzteren lediglich ein paar Scherben davon auflesen können. Beide Gruppen wurden von der Religion verteufelt, beide werden bis heute von der Geschichte versteckt, von der Gesellschaft ausgegrenzt und leiden unter der Globalisierung. Beide ertrinken im Alkohol.

Die Gemeinden der Provinz Anta können der zweiten Gruppe zugerechnet werden, und in dieses Milieu wird Hilaria Supa Huamán hineingeboren. Nach ihren ersten Lebensjahren auf der Hacienda ist sie gezwungen, eine lange und mühsame Reise anzutreten, auf den dunklen Wegen der machthabenden Gesellschaftsschicht, die voller Rassismus und Doppelmoral sind. Nach ihrer Rückkehr in ihre Heimat und zu den Ihren, ist sie eine von vielen Indígena-Frauen, die gelitten haben – und eine der wenigen, die aus vollem Herzen spricht und sich dem Kampf verschreibt, unsere jahrtausendealte Kultur zurückzugewinnen.

Román Vizcarra

Inhalt

Einleitung   1

Erster Teil

Wie alles begann   5

Wie werden die Babys auf dem Land geboren?
Das Fest des Haareschneidens
Tiere weiden und Spielzeug basteln

Verlassen und ausgenutzt   11

Erfahrungen als Hausangestellte in Arequipa, Cuzco und Lima

Vom Traum und Wirklichkeit   19

Paarbildung nach alten Bräuchen
Zu zweit und als Witwe
Über das Leben im Elendsviertel
Von Arthritis und Einsamkeit
Neuer Partner, neue Einsamkeit
Rückkehr als Invalidin

Zweiter Teil

Dem Leben eine neue Richtung geben   27

Gemeinsam gegen das Leid
Über das Leben auf den Haciendas
Die Organisation erhält Zulauf
Schwierigkeiten bei der Mobilisierung
Die Arbeit von Hilda Paradicino
Von meinen Schmerzen und meiner Erschöpfung
Als Anführerin wachsen
Der Tod meines Sohnes

Die Saat geht langsam auf 41

Aktivitäten mit der FEMCA
Über die traditionellen Autoritäten
Lernen und Verzeihen
Was bedeutet „modern sein"?

Als Vertreterin der Indígena-Frauen 59

Die VI. Regionalkonferenz der Frauen Lateinamerikas
 und der Karibik in Argentinien
Die IV. Weltfrauenkonferenz in China

Dritter Teil

Wie wir die Welt sehen 67

Unsere Vorstellung vom Universum
Das Ayni oder vom Geben und Nehmen
Die Suche nach dem Gleichgewicht
Die Feste zu Ehren der örtlichen Schutzheiligen
Religiöse Sekten in unseren Gemeinden
Erfahrungen mit überlieferten Zeremonien
 anderer indigener Völker

Alles ist miteinander verwoben 81

Gründe für die Unterernährung auf dem Land
Unsere traditionellen Speisen
Fremde Lebensmittelhilfen
Alternative Anbauformen

Die Lehre der Pachamama 85

Was wir von unseren Großeltern hörten
Die Pachamama ist traurig
Die Pflanzen zeigen uns, wie sie wachsen wollen
Der Betrug mit den Düngemitteln
Auf der Suche nach Alternativen

Mensch und Natur bilden eine Einheit 93

Wir müssen lernen, uns selbst zu lieben
Von Heilern und Geburtshelferinnen
Das öffentliche Erziehungssystem geht
   an unserer Realität vorbei
Die Sterilisierungskampagnen des Gesundheitsministeriums
Unterdrückung statt Behandlung
Kurse über traditionelle Andenmedizin

Falsche Traditionen 109

Aufwachsen unter dem Einfluss des Alkohols
Wo liegt der Ursprung des Problems?
Der Alkohol ist die schlimmste Droge
Auf der Suche nach einem würdigen Leben
Der Wandel kann von den Frauen ausgehen

Die Knospen wollen zur Blüte werden 115

Die häusliche Erziehung
Die Schulerziehung
Vorschläge zur Verbesserung der Schulerziehung
Alphabetisierung von Erwachsenen
Kultureller Austausch bei Workshops
Wir alle müssen dazu beitragen, dass unsere Kultur
   lebendig bleibt!

Nachwort 125

Indigene Frauen in Peru:
   zwischen Marginalisierung und Aufbruch

Anhang

Gebietskörperschaften Perus 139

Auflistung der Heilpflanzen 141

Glossar 144

Einleitung

Ich erzähle meine Geschichte nicht, damit man mir sagt: „Ach, du Arme, was dir nicht alles zugestoßen ist!", sondern weil die Geschichte meiner Kindheit und meiner Jugend die Geschichte vieler Indígena-Frauen meiner Heimat ist.

Viele Frauen, die meine Geschichte lesen, werden sagen: „Genauso ist es mir auch gegangen. So sieht die Wirklichkeit der Indígena-Frauen Perus aus".

Ich möchte alle Personen, die dieses Buch lesen, dazu einladen, über ihre Vergangenheit nachzudenken, sich zu fragen, woher sie kommen; wie ihre Erziehung war; warum ihre jetzige Lage so ist, wie sie ist; wo der Ursprung ihrer Leiden liegt; und daraus Schlüsse für die Zukunft zu ziehen. Eine Kindheit, die von Armut, Ausbeutung und Verlassenheit gekennzeichnet ist, kann aus dem kleinen Mädchen eine resignierte, deprimierte und passive Frau machen, aber es gibt auch Alternativen! Wir Frauen werden nicht geboren, um zu leiden, wie so oft zu hören ist. Wenn ein kleines Mädchen geboren wird, sagen sie bereits: „Arme Kleine, wie sehr sie leiden wird!" Aber das stimmt nicht!

Außerdem werden wir von Geburt an schon allein durch unsere ethnische Zugehörigkeit ausgegrenzt, Männer wie Frauen, nur weil wir Indígenas sind. Das darf nicht so sein! Diese Kette von Leiden und Gewalt kann durchbrochen werden. Wir selbst können sie brechen, indem wir aufwachen, uns unserer eigenen Lage bewusst werden, uns bilden, unsere Söhne und Töchter aus einer neuen Sichtweise heraus erziehen. Damit wir diesem Ziel näher kommen, möchte ich meine Erfahrungen und Gedanken an andere weitergeben, und zwar in der großen Hoffnung, auf diese Weise dazu beizutragen, starke und sich ihrer selbst und ihrer Kultur bewusste indigene Führungspersönlichkeiten, besonders unter den Frauen, heranzubilden. Auf dass der Traum wahr werde, unsere indigene Gesellschaft wiederherzustellen, eine Gesellschaft, die der Mutter *Pachamama* und allen Wesen der Natur Respekt entgegenbringt.

Ich möchte dieses Buch und all meine Arbeit meinen Töchtern Yolanda und Gricelda und meinem verstorbenen Sohn Boris widmen, aber auch allen anderen Menschen, die mich auf meinem Weg begleiten.

Hilaria Supa Huamán

Erster Teil

Wie alles begann

Wie werden die Babys auf dem Land geboren?
Das Fest des Haareschneidens
Tiere weiden und Spielzeug basteln

Meine Mutter erinnert sich nicht mehr genau daran, wie alt sie war, als ich geboren wurde. Wahrscheinlich war sie so um die 17. Mit meinem Vater hat sie nie zusammengelebt. Er hatte sie eines Tages mit Gewalt genommen. Für sie war es das erste Mal und sie wurde schwanger mit mir. Mein Vater weigerte sich, mich als sein Kind anzuerkennen, denn er meinte, ich könnte ja auch von einem anderen sein. Aber es gab keinen anderen.

Wenn bei uns auf dem Land eine Frau kurz vor der Niederkunft steht, kniet sie sich auf ein Schafsleder. Der Partner reibt ihr die Hüften, gibt ihr eine Infusion aus Mate-Kräutern zu trinken und lässt sie Koka kauen. Die Geburtshelferin nimmt den Puls der Mutter und überprüft, ob das Baby richtig liegt, um auf die Welt zu kommen. Wenn es nicht die richtige Lage hat, wird *taptiy* angewendet, das heißt, die Schwangere wird auf eine Decke gelegt und auf spezielle Art geschüttelt, um das Baby richtig zu positionieren und zu erreichen, dass die Geburt einfacher verläuft.

So wird das Baby geboren. Der Patin oder dem Paten fällt die Aufgabe zu, die Nabelschnur durchzuschneiden, und für gewöhnlich wird diese Person dem neuen Wesen eine besondere Zuneigung entgegenbringen.

Sofort nachdem das Baby da ist, wird die Mutter auf Bauchnabelhöhe gewickelt, und zwar mit einem *Chumpi*, einem gewebten Stoff, der speziell zu diesem Zweck vorbereitet wird, was bei uns *Sonqopa* heißt. Er wird ganz fest um die Frau gebunden, denn die Gebärmutter beginnt sich nach der Geburt zu bewegen und das schon ausgestoßene Baby zu suchen. Ohne die Wickel kann die Gebärmutter bis zum Herzen hochrutschen, die Atmung behindern und den Tod der Mutter verursachen. Deshalb ist es sehr wichtig, die Frau mit dem *Chumpi* einzuwickeln. Zwischen sieben Tagen und einem Monat muss sie im Bett bleiben, denn so lange dauert es, bis die Gebärmutter ihren normalen Platz wieder einnimmt.

Drei Tage nach der Entbindung wird auch noch eine andere Wickelung vorgenommen, sie heißt *Waltasqa*. Dazu verwendet man viele Kräuter, wie zum Beispiel *Yawar ch'onqa*, *Qalawala*, *Koka*, *Ch'iri ch'iri*, *Rosmarin* und andere. Diese dient dazu, dass sich der Körper der Mutter wieder richtig schließt, denn beim Geburtsvorgang hat er sich völlig geöffnet, und zwar überall: jede Pore, sogar die Haare. Deshalb reibt man ihn von den Haarspitzen, sowie den Finger- und Zehenspitzen ausgehend bis hin zum Bauchnabel vorsichtig mit Kräutern ein. Dort wird der kräutergetränkte *Chumpi* festgebunden, denn dort konzentriert sich die Kraft der Frau. Es ist, wie wenn man den Körper wieder schließt und die Kräfte wieder an ihren Ort zurückbringt. Ohne diese Behandlung kann die Frau sehr schwach bleiben und leicht jegliche Art von Krankheit bekommen. Diesen Zustand nennen wir *desmando*.[2] Sogar die Zähne und die Haare können ausfallen, wenn alles so offen und lose bleibt.

Spezielle Babykleidung gibt es nicht. Die Babys werden einfach in bunte Lappen und alte Kleidung gehüllt und mit einem *Chumpi* eingebunden. Der *Chumpi* hilft ihnen, mehr Kraft zu bekommen. Außerdem fühlen sie sich darin wie umarmt und schlafen ruhig, ohne sich vor ihren eigenen Bewegungen oder denen ihrer Mutter zu erschrecken.

Die Frauen weben die *Chumpis* und auch die Tragetücher, um die Babys darin zu tragen. Das Baby lässt sich gerne tragen, denn auf diese Weise fühlt es sich seiner Mutter nah und begleitet sie überallhin.

So wurde ich geboren, als erste Tochter einer einfachen Landbewohnerin, auf der Hacienda von Ilivera Romanvil in

---

[2] Zu verstehen in etwa als „Kontrollosigkeit", wenn die Gebärmutter nicht an ihrem Platz ist, fehlt dem Körper ein Steuerzentrum, das alles im Gleichgewicht hält (Anm. d. Übers.).

Huaypuchico, was heute zur Bauerngemeinde Huayllaqocha, im Distrikt Huarocondo gehört, und in der Provinz Anta im Departament Cuzco liegt.[3] Meine gesamte Familie war Dienstpersonal dieser Hacienda, und weiter unten werde ich erzählen, wie sich das Leben auf der Hacienda abspielte.

Meine Mutter ließ mich bei meinen Großeltern und kam nur, um mir die Brust zu geben. In meiner Gemeinde ist es nicht üblich, dass Männer Babys tragen, aber mein Großvater hat mich immer getragen. Er liebte mich, pflegte mich und zog mich auf. Meine Eltern kannte ich gar nicht. Ich dachte, dass meine Großeltern meine Eltern seien.

Ich habe viele Jahre darunter gelitten, dass meine Mutter mich verließ, ich war nachtragend und rachsüchtig. Erst vor nicht allzu langer Zeit – als ich ungefähr 25 oder 30 Jahre alt war – begann ich, darüber nachzudenken und meine Mutter zu verstehen. Da sie selbst Opfer von Gewalt war und niemals Zärtlichkeit erfahren hatte, konnte sie einfach keine Gefühle für mich entwickeln. Ihre Ablehnung war keine Bösartigkeit, sondern einfach eine Folge ihrer Leiden.

Ich möchte allen Frauen sagen, dass sie auch ein ungewolltes Kind genauso lieben sollen, denn das Kind leidet und hat keine Schuld an diesem Zustand. Aber ich weiß, dass das sehr schwierig ist.

Wenn ein Kind zwei oder drei Jahre alt ist, wird ein Fest veranstaltet, bei dem man ihm zum ersten Mal die Haare schneidet. Das nennen wir *Rutuchi* oder *Trigo ichhuy*. Das Fest ist sehr wichtig, denn es bedeutet, dass das Baby nun zum Kind wird. Außerdem erinnert es uns daran, dass das Haar etwas Heiliges ist, ein Teil unseres Körpers, den man nicht einfach so schneiden und wegwerfen darf. Das Haareschneiden ist auch der Moment, in dem das Kind sich vollständig in die Gemeinschaft integriert und lernt, das *Ayni*, die gegenseitige Hilfe, zu praktizieren. Die Gemeinschaft drückt ihm ihre volle Unterstützung aus, welche durch Geschenke symbolisiert wird, und das Kind lernt nach und nach, die geleistete Un-

---

[3] Im Anhang befindet sich eine kurze Erläuterung zu den Gebietskörperschaften Perus.

terstützung zurückzugeben, indem es Verantwortungen übernimmt. Deshalb ist das *Rutuchi* ein sehr wichtiges Fest, nicht nur für das Kind und seine Familie, sondern für die gesamte Gemeinschaft.

Für den ersten Haarschnitt werden dem Mädchen oder dem Jungen vorher viele Zöpfchen geflochten. Die Paten schneiden den ersten Zopf ab, danach sind alle anwesenden Verwandten und Freunde an der Reihe. Jeder schneidet, sagt dem Kind etwas, und gibt ihm Geschenke. Diese bestehen hauptsächlich aus Tieren, die die Eltern aufziehen müssen, um sie dem Kind später, wenn es größer ist, mitsamt den Jungtieren zu übergeben. Das Haar, das an diesem Tag geschnitten wird, bindet man zusammen und hebt es dann in einer *Unkhuña* – einem kleinen Webtüchlein – auf, und zwar gemeinsam mit Blumen und ausgewählten Kokablättern.

Für das Kind ist es wichtig, viele Paten zu haben: Paten der Geburt, Paten des Haareschneidens, und – falls es katholisch getauft wird – auch noch andere Paten. Sollten die Eltern des Kindes sterben oder es aus anderen Gründen nicht aufziehen können, muss sich einer der Paten um das Kind kümmern, damit es nicht mittellos ist.

Heutzutage zwingt praktisch der Staat die Jungen, die Haare kurz geschnitten zu tragen. Selbst in den Schulen passt man auf, dass die Jungen kurze Haare haben, wenn nicht, bekommen sie Notenabzug. Aber früher, zur Zeit der Inkas, war das nicht so. Und unsere Brüder in Ecuador lassen sich das auch nicht gefallen, sie gehen mit ihrem Zopf zum Lernen und Studieren und sogar zum Militär. Wir Peruaner lassen uns vom Staat alles vorschreiben, ohne darüber nachzudenken, was wir eigentlich tun.

Schon im Alter von vier Jahren helfen die Kinder ihren Eltern: Sie weiden die Tiere, sammeln Brennholz, hüten das Haus und die jüngeren Geschwister. Die Kinder arbeiten ziemlich viel. Oftmals bestrafen die Erwachsenen das Kind, wenn sie es spielen sehen, denn sie finden, dass es nicht faul sein darf, sondern arbeiten muss.

Wir haben trotzdem immer Freiräume gefunden, um auszubüxen und zu spielen. So zum Beispiel, wenn wir das Vieh zum Weiden auf den Hügel brachten, da trafen wir immer andere Kinder, trieben alle Tiere zusammen und spielten dann. Wir bauten uns Spielzeug aus Lehm, zum Beispiel Tiere oder Puppen, mit denen wir uns tagsüber vergnügten; am Abend versteckten wir sie an einem geheimen Ort. Nach Hause mitnehmen konnten wir sie nicht, denn dann hätte man uns gesagt: „Was? Ihr habt den ganzen Tag lang nur gespielt?" Wir versteckten unser Spielzeug, um es am nächsten Tag wieder hervorzuholen. Wenn wir aber das nächste Mal die Tiere zu einem anderen Weideplatz bringen mussten, blieb uns nichts anderes übrig, als neues Spielzeug herzustellen. Nach der Ernte bastelten wir uns auch Puppen aus Maisblättern.

Die Mütter der meisten meiner Freundinnen konnten spinnen und weben, so auch meine Großmutter. Wir wollten das lernen, die Webereien gefielen uns, aber sie ließen uns nicht, schlugen uns sogar. Deshalb entwendete ich aus dem Nähkorb meiner Großmutter immer ein bisschen gesponnene Wolle, *Q´aytu* genannt. Die anderen Mädchen taten dasselbe, und wenn wir dann zusammen auf der Weide waren, versuchten wir, zu weben. Wir schnitten auch den Schafen ein bisschen Wolle ab, an Stellen, an denen man es nicht sah, und versuchten dann, mit einem Stock zu spinnen. So lernten wir das alles heimlich.

Am Abend sortierte jeder dann seine Tiere wieder aus und wir gingen nach Hause zurück. Richtig spielen konnten wir aber nur in der Trockenzeit, wenn alle *Chakras* abgeerntet waren. In der Regenzeit mussten wir ständig aufpassen, dass das Vieh nicht die frisch sprießenden Pflänzchen auf den Feldern abfraß. Wenn ein Tier irgendeinen Schaden angerichtet hatte oder verlorengegangen war, wurden wir hart bestraft.

Ich weidete Schafe für meinen Großvater, aber sie gehörten dem Großgrundbesitzer und nicht ihm. Manchmal kam auch mein Onkel mit, der spielte immer auf seiner *Qena*, das gefiel mir. Mein Großvater ließ mich nie andere Arbeiten machen. Er wollte weder, dass ich Kartoffeln schälte, noch ließ er zu, dass die Herrschaften der Hacienda mich schlugen. In dieser Hinsicht wurde ich wirklich verhätschelt. Und so lebte ich glücklich, bis ich fünf Jahre alt war. Da starb mein Großvater, der für mich eigentlich eher mein Vater gewesen war. Ich wohnte noch ein weiteres Jahr bei meiner Großmutter, aber das war nicht mehr dasselbe.

Verlassen und ausgenutzt

Erfahrungen als Hausangestellte in Arequipa, Cuzco und Lima

Die Kinder vom Land arbeiten sehr hart. Aber ich denke, dass es besser ist, wenn sie auf dem Land arbeiten, wo sie mit ihren Eltern zusammen sind und von ihrer Familie und der Gemeinschaft Zuneigung bekommen, als dass sie in den Städten arbeiten. Ich möchte hier meine Erfahrungen als Hausangestellte in der Stadt erzählen, denn viele Eltern geben ihre Töchter zu Verwandten, Paten oder anderen Personen, manchmal sogar zu völlig Unbekannten, die ihnen schön reden, von wegen sie würden das Mädchen auf die Schule schicken und in der Stadt besser erziehen. Aber das ist nichts als Lüge. Sie nehmen die Kleine mit, um sie auszubeuten, um ihr Leid anzutun, sonst nichts. Die Eltern meinen, dass ihre Töchter in guten Händen seien und dass sie auf diese Weise eine besser Zukunft erwarte. Es mag einige wenige geben, denen tatsächlich das Glück zuteil wird, zu guten Hausherren zu kommen, die ihre Versprechen auch halten. Aber die meisten dieser Mädchen leiden so, wie ich gelitten habe, oder sogar noch mehr.

Eine Tante kam ins Haus meiner Großmutter und nahm mich mit nach Arequipa, wo ich fünf Jahre lang für sie und in anderen Häusern gearbeitet habe. Ich musste auf vier Kinder aufpassen, Wäsche waschen, kochen und das Haus putzen. Wenn die Windeln nach dem Waschen nicht weiß wie Schnee waren, wurde ich geschlagen. Ich wurde viel geschlagen, so zum Beispiel auch dann, wenn ich die Anweisungen nicht verstand. Das kam häufig vor, denn als ich dort anfing, war ich gerade mal sechs Jahre alt und konnte das Spanische weder sprechen noch verstehen. Sogar die Kinder schlugen und beschimpften mich: „Hinterwäldlerisches Indio-Mädchen", riefen sie.

Wenn ich zum Einkaufen geschickt wurde, verstand ich manchmal nicht richtig und kaufte etwas anderes. Ich fragte auch nicht nach, wenn sie mir etwas auftrugen. Ich tat nur so, als ob ich verstanden hätte. Sie würden mich schlagen, das wusste ich, aber ich fragte sie nichts. Ich hatte Angst vor ihnen. Ich hatte Angst zu sprechen, da ich doch gerade erst begonnen hatte, Spanisch zu lernen. Einmal schickten sie mich zum Brot kaufen, und als ich an der nächsten Ecke ein paar Kinder spielen sah, ging ich hin um zuzuschauen; ich hatte Lust mit zuspielen. Ich vergaß das Brot. Ich ging nicht mehr zur Bäckerei, ich blieb da, wo die Kinder waren. Nach einer Weile fiel mir das Brot wieder ein, und ich begann voller Panik loszurennen. Aber da ich auf der anderen Straßenseite war, verlor ich die Orientierung und konnte das Haus nicht mehr finden. Einer der Söhne meines Hausherren sah mich so verwirrt auf der Straße herumlaufen, und ich erklärte ihm weinend, dass ich mich verlaufen hätte. Aber er glaubte mir nicht. Er nahm einen Lederriemen, schrie auf mich ein: „Blödes, faules Indio-Mädchen!", und trieb mich unter Schlägen ins Haus. Dort übergab er mich seinen Eltern, die mich weiter beschimpften und solange auf mich einschlugen, bis ich das Bewusstsein verlor.

Meine Großmutter hatte mich auch manchmal geschlagen. Einmal zum Beispiel schickte sie mich mit einem Tonkrug zum Wasserholen. Auf dem Rückweg fiel ich mit dem vollen Krug hin, und er ging kaputt. Da schlug sie mich, denn es war ihr einziger Krug. Aber in der Stadt schlugen mich die Hausherren einfach so aus Spaß, wegen jeder Nichtigkeit. Wenn sie sich gerade mal langweilten, schlugen sie mich. Ich musste ohne Bettzeug auf dem Boden schlafen und bekam wenig zu essen. Manchmal blieb kein Essen übrig, da bekam ich gar nichts. Meine Kleider sahen aus wie Lumpen, denn dieselbe Bekleidung, die ich bei meiner Abreise aus Huayllaqocha getragen hatte, behielt ich jeden Tag an. Sie kauften mir nie etwas Neues, ich konnte mich nie umziehen.

Dort spürte ich auch zum ersten Mal diesen Schmerz in meinem Körper, und mir die Füße zusammenschrumpften. Ich dachte, es sei wegen der Kälte, weil ich nichts zum Zudecken hatte. Ich weiß nicht mehr, womit ich mich damals behandelte.

Im Haus konnte man vom zweiten Stock aus einen kleinen Hügel erkennen, und ich dachte, dass hinter diesem Hügel mein Heimatdorf sei. Ich sah oft dorthin und überlegte, wie ich es schaffen könnte, fortzukommen. Aber ich hatte keine Ahnung, wie ich fliehen und in meine Heimat gelangen könnte. Ich blickte nur aus dem Fenster und weinte.

Die Tage, Monate und Jahre vergingen, und ich ertrug diesen Zustand. Doch als ich elf Jahre alt war, begann der Hausherr mich zu belästigen. Er wartete auf die Momente, in denen die Hausherrin mich mit ihren Babys alleine ließ. Zuerst sagte er nur zu mir, dass ich ja nun schon groß und hübsch sei. Dann belästigte er mich ständig mehr. Einmal schleuderte ich ihm die Babyflasche ins Gesicht, und als die Hausherrin kam, sagte er es ihr. Sie fragte nicht einmal nach, warum ich das getan hatte, sondern schlug mich hart und schrie dabei, dass ich eine unerzogene Göre sei.

Beim nächsten Mal servierte mir der Hausherr ziemlich viel Essen. Das wunderte mich, denn er tat das sonst nie. Er sagte mir, dass ich jeden Tag soviel essen könnte und dass er mich außerdem zur Schule schicken würde, wenn ich nur einwilligte, seine Geliebte zu sein. Als ich nicht darauf einging, befahl er mir, das Baby ins Bett zu bringen. Er näherte sich und umschlang mich fest. Er hielt mir den Mund zu. Ich weiß nicht, wie es kam, dass ich reagierte und mich an die Empfehlungen meiner Tante erinnerte, die mir gesagt hatte, wie man sich gegen die Männer verteidigen kann. Ich gab ihm einen Fußtritt zwischen die Beine und er ließ.mich los. Ich floh aus dem Haus und rannte zu meiner Tante, die zum Glück in der Nähe wohnte. Ich erzählte ihr alles und bat sie unter Tränen, mich in meinen Heimatort zurückzubringen.

Die Reise dauerte zwei Tage und zwei Nächte. Das war im Jahre 1970. Meine Großmutter, für mich meine Mutter, war während meiner Abwesenheit gestorben. Meine Tante brachte mich zu meiner leiblichen Mutter. Da sich alle darüber wunderten, dass ich ohne Kleidung und ohne Geld dort eintraf, erzählte meine Tante ihnen jede Menge Lügen: Dass sie mich nicht bezahlen und mir keine Arbeit mehr geben wollten, weil ich dort gestohlen, mich schlecht benommen und das Obst und den Käse weggegessen hätte. Meine Mutter, die ich in diesem Moment zum ersten Mal bewusst sah, glaubte ihr alles und mein Stiefvater schlug mich deswegen und beschimpfte mich: „Du nutzloses Ding, taugst ja zu nichts, nicht einmal zum Arbeiten!" Aber noch mehr schlug er meine Mutter, wenn sie mir zu essen gab. Er ließ nicht zu, dass ich im Haus schlief, ich musste draußen im Hof schlafen. Mit diesem Mann hatte meine Mutter sieben Kinder und diese warfen mir ebenfalls vor, dass ich ihnen das Essen wegessen würde.

Das Verhalten meiner Mutter zu verstehen, war schwierig für mich. Noch schwieriger fand ich aber, das von meinem Vater und meinem Stiefvater zu verstehen. Erst vor wenigen Jahren begann ich mich zu fragen: Warum gibt es nur so viele Männer, die die Frauen nötigen und dann ihre Kinder verleugnen, verlassen oder misshandeln? Werden die Männer als Chauvinisten geboren? Sind die Männer von Natur aus böse?

Ohne eine Entschuldigung für diese Männer finden zu wollen, ist mir inzwischen doch klar geworden, dass die „Bösen" in meiner Geschichte weder mein Vater, noch mein Stiefvater, noch der Vater meiner Kinder waren, sondern die herrschende Gesellschaft, die uns über Generationen hinweg ihre Werte aufgezwungen hat, und auf diese Weise Männer wie sie hervorbrachte.

Ich wollte mir eine Arbeit suchen und ich wollte zur Schule gehen. Deshalb bat ich meine Mutter um meine Geburtsurkunde. Aber sie hatte diese nie ausstellen lassen, weil mein Vater mich nicht anerkennen wollte, und ohne die Unterschrift des Vaters bekam man keine Geburtsurkunde. Meine Mutter erinnerte sich nicht daran, wann ich geboren war. Sie erinnerte sich nur daran, dass ich auf die Welt kam, als die Maway-Kartoffel gerade in der Blüte stand, aber sie wusste nicht, in welchem Jahr das war. Mein Großvater feierte meinen Geburtstag immer am 28. Dezember, dem „Tag der unschuldigen Kinder",[4] denn er fand, dass ich unschuldig war. Und er konnte sich ungefähr an das Jahr erinnern. Deshalb sehe ich bis zum heutigen Tag dieses Datum als meinen Geburtstag an.

Als ich vor nicht allzu langer Zeit, im Jahr 1995, nach China reisen wollte, brauchte ich unbedingt eine Geburtsurkunde und musste sie – egal wie – ausstellen lassen. Ich bat Bekannte, in den Archiven von Huarocondo zu suchen, und nach einigen Tagen fanden sie meine Geburtsurkunde. Ich war erstaunt, und ließ nachforschen, wie das vor sich gegangen war. Da stellte sich heraus, dass mein Großvater mich eingetragen und meinen Vater sogar ins Gefängnis gebracht hatte, damit dieser unterschrieb. Weder ich noch meine Mutter wussten das. Da er bei dem Behördengang wohl nicht ganz nüchtern gewesen war, hatte er als Geburtsdatum den 14. Januar 1957 eingetragen. Das stimmt zwar nicht, aber so steht es bis heute in meinen Unterlagen.

Also ging ich einfach ohne Dokumente nach Quillabamba, um in der Koka- und in der Kaffee-Ernte zu arbeiten. Die Arbeit war sehr hart für mich, denn ich wusste nicht, wie man richtig erntet. Man muss sich auskennen damit. Bei der Kokapflanze darf man zum Beispiel nur die reifen Blätter pflücken, die zarten muss man stehen lassen. Wenn man unsauber gepflückt hatte, oder wenn einige reife Blätter an der Pflanze geblieben oder einige zarte mit in den Korb gegangen waren, schlugen uns die *Mayordomos* des Plantagenbesitzers mit einem Stock auf die Hand und wir wurden an diesem Tag nicht bezahlt.

Ich konnte mich wegen der Arbeit und der Mücken nicht an die Berge gewöhnen, die Stiche infizierten sich nämlich und ließen mir die Füße anschwellen. Ich sah auch oft, dass die Gutsherren und auch die Landarbeiter die Mädchen miss-

---

[4] In der Bibel heißt es, dass der König Herodes an diesem Tag alle neugeborenen Kinder töten ließ, da er die Herrschaft Jesu fürchtete. In Lateinamerika macht man am „Tag der unschuldigen Kinder" Scherze, wie sie in Deutschland am 1. April üblich sind (Anm. d. Übers.).

brauchten. Viele von ihnen kehrten schwanger in ihre Dörfer zurück. Davor hatte ich Angst.

Ich ging nach Cuzco, um als Dienstmädchen für eine Dame zu arbeiten. Ihr Mann war Polizist, und er wollte sich auch über mich hermachen. Zur Karnevalszeit blieb die Frau auf dem Fest und schickte mich mit ihrem zweijährigen Baby ins Haus, um ihren Ehemann zu bewirten. Der Mann bedrohte mich, er würde mich erschießen, wenn ich seiner Frau etwas davon erzählen sollte, was er zu mir sagte und mit mir machen wollte. Sie hatten ständig Streit deswegen und der Mann betrank sich und schlug dann sowohl mich als auch seine Frau. Eines Nachts kam er volltrunken nach Hause und drehte durch. Er holte seine Frau aus dem Bett, griff sie gewaltsam am Hals und warf sie auf den Boden. Dann nahm er seine Pistole und wollte sie töten. Seine Frau bat ihn auf Knien um ihr Leben. Als ich die Schreie hörte, stand ich auf und biss ihn fest in die Hand, so dass er den Revolver fallen ließ. Er gab mir einen so heftigen Tritt in den Bauch, dass ich ohnmächtig wurde. Als ich wieder zu Bewusstsein kam, verließ ich dieses Haus und kehrte zu meiner Mutter zurück. Ich sagte ihr nur, dass ich nie wieder dorthin gehen wollte. Und da zu dieser Zeit gerade ein entfernter Onkel aus Lima zu Besuch kam, schickte meine Mutter mich mit ihm fort.

Er nahm mich mit zu einem Haus in Miraflores, einem sehr feinen Stadtviertel von Lima, wo ich einen Hund hüten sollte. Das war für mich die leichteste von allen Arbeiten, die ich jemals gehabt hatte. Ich musste ihm leckere Speisen zubereiten, mit Gemüse und Fleisch, als ob sie für einen Herren wären. Solche Speisen hatte ich mein Lebtag noch nicht probiert. Ich musste den Hund pflegen, baden und wie ein kleines Kind spazierenführen. Ich bekam allerdings nur die Reste des Essens, war deshalb immer hungrig und hatte Lust auf das, was der Hund bekam. Deshalb aß ich immer ein wenig, bevor ich dem Hund servierte. Auf diese Weise war ich nun besser genährt als bei allen meinen vorigen Arbeiten. Ich fühlte mich zufrieden und vertrieb mir die Zeit, indem ich mit dem Hund spielte. Woanders hatten sie mich ja nie spielen lassen.

Aber eines Tages merkten die Herrschaften, dass ich etwas von dem Hundefutter gegessen hatte. Sie beschimpften mich als Diebin und jagten mich aus dem Haus.

Als ich auf der Straße stand, wusste ich nicht, wohin ich gehen und was ich tun sollte. In der Nähe war ein Park, da ging ich hin und setzte mich. Ich weiß nicht, wie viel Zeit so verstrich, ich sah einfach vor mich hin, ohne an irgendwas zu denken. Ein Mädchen näherte sich mir, sie war ein bisschen älter als ich. „Warum bist du so traurig?", fragte sie, und ich antwortete nichts. Es schien fast, dass sie in diesem Park lebte und, ebenso wie ich, keinen Ort zum Hingehen und nichts zu tun hatte. Sie war nicht schüchtern, so wie ich, denn als ein Junge zu uns kam, sprach sie mit ihm. Er nahm uns mit zu einem Haus, das weit weg war. Ich erinnere mich nicht, wie der Ort hieß, aber es war ein Elendsviertel, ein *pueblo joven*. Bei ihm zu Hause begannen beide zu trinken und sie wollten, dass ich auch trinke. Ich wollte nicht, ich heulte nur die ganze Zeit. Da wurde ich ihnen zu langweilig und sie ließen mich links liegen. Sie tranken weiter und verbrachten die Nacht zusammen. Als es dämmerte, verließ ich das Haus, während die beiden noch schliefen.

Wieder draußen, lief ich den ganzen Tag ziellos herum, ich wusste einfach nicht, wohin ich gehen sollte. Hunger überkam mich, denn das letzte Essen war das von dem Hund gewesen. Seitdem hatte ich nichts mehr zu essen gehabt. Als es schon dunkel wurde und ich überlegte: „Wo soll ich jetzt nur schlafen?", sprach mich ein Mädchen an und fragte mich: „Was machst du denn? Möchtest du arbeiten?" „Ja", antwortete ich und sie nahm mich mit zu ihren Hausherren, die gerade ein Mädchen suchten, das auf ihr Baby aufpassen sollte.

Es gibt unzählige Mädchen, die so einsam und verlassen sind und die nicht so viel Glück haben wie ich. Wie sehr sehnte ich mich in diesen Momenten danach, einen Ort zu finden, wo ich sicher unterkommen könnte. Wie ist es möglich, dass es kein Projekt gibt, das den Jungen und Mädchen hilft, die sich in so einer verzweifelten Lage befinden und allen Arten von Missbrauch schutzlos ausgesetzt sind!

Von Traum und Wirklichkeit

Paarbildung nach alten Bräuchen
Zu zweit und als Witwe
Über das Leben im Elendsviertel
Von Arthritis und Einsamkeit
Neuer Partner, neue Einsamkeit
Rückkehr als Invalidin

In meiner Gemeinde gab es früher bestimmte Bräuche, die dazu dienten, Paare zusammenzuführen. Ich erinnere mich, dass die jungen Männer vor der Tür der ledigen Mädchen auf ihrer *Qena* spielten. War das Mädchen einverstanden, so kamen zunächst die Eltern des Jungen in Begleitung einer älteren, von der Gemeinde anerkannten Person, *Kuraqmama* oder *Kuraqtayta* genannt, um mit den Eltern des Mädchens zu sprechen. Dieses Treffen lief nach einem festen Ritual ab, und jeder musste die richtigen Worte für diesen entscheidenden Moment kennen.[5] Verlief das erste Gespräch zufriedenstellend, so folgte der zweite Schritt, das *Warmimunakuy*, das Anhalten um die Hand des Mädchens. Hierbei kamen die Eltern des Jungen wiederum in Begleitung der *Kuraqmama* oder *Kuraqtayta* mit Essen und Getränken zum Haus der Eltern des Mädchens. War die Familie einverstanden, so lebte das Paar in Zukunft zusammen.

Aber oftmals verhielten sich die jungen Männer oder auch die Eltern genauso wie die Großgrundbesitzer, das heißt, sie zwangen das Mädchen, gegen ihren Willen mit einem Mann zusammenzuleben. Man trank einen Schnaps nach dem anderen, kam schließlich überein, und das Mädchen musste sich fügen. Heutzutage entscheiden die meisten jungen Leute allerdings selbst, ob sie zusammenleben wollen.

---

[5] Siehe im Glossar unter „Rimanakuy", S. 152.

Ich wollte keinen Ehemann. Stets erinnerte ich mich an die Schläge, die meine Mutter und sogar meine Hausherrinnen bezogen hatten. Ich dachte, alle Männer würden sich so verhalten. Mein Traum war, eines Tages frei leben zu können, unabhängig zu sein und zur Schule zu gehen. Aber die Realität war ganz anders als meine Träume.

Nach der Arbeit mit dem Hund arbeitete ich bei einer anderen Familie und kümmerte mich um ihr Kind. In diesem Haushalt arbeitete auch eine Köchin aus San Salvador (Cuzco). Zu Weihnachten lud sie mich ins Haus ihres Bruders ein. Wir kochten und tanzten – es war das erste Fest in meinem Leben, und ich war sehr zufrieden. Später jedoch schloss mich ein junger Mann, der auch in diesem Haus lebte, in einem kleinen Zimmer ein. Er sagte mir, er heiße Rafael, er sei in mich verliebt und er wolle mit mir zusammenleben.

Als er mich vier Monate später gehen ließ, war ich bereits schwanger und konnte nicht mehr zu meiner Arbeitsstelle zurückkehren. So blieb ich bei Rafael und tat alles, was er von mir verlangte. Wenn ihn etwas störte, beschimpfte er mich als Analphabetin. Ich aber schwieg zu allem, was er mir sagte oder antat. Im November 1972 kam meine Tochter Yolanda zur Welt und im Dezember wurde ich 14 Jahre alt.

Rafael war 15 Jahre älter als ich und arbeitete in einer Likörfabrik. Wenn er mir Geld gab, gab ich nie alles aus, sondern legte stets einen kleinen Teil auf die Seite. Da er sich immer öfter darüber aufregte, dass ich das Geld nicht verdiente, sondern nur ausgab, nahm ich eines Tages mein Gespartes, kaufte Obst und ging auf den Markt, um es weiterzuverkaufen. Ich ging um ein Uhr nachts los zum Arbeiten, und um sieben Uhr morgens war ich bereits wieder zu Hause um zu waschen und zu kochen. So verdiente ich mehr als Rafael in der Fabrik.

Ich war gerade 16 Jahre alt geworden, als mein Sohn Boris zur Welt kam. Da arbeitete ich einmal zwei Monate lang nicht und kümmerte mich nur um den Haushalt. Bei einer illegalen Landbesetzung im Elendsviertel Villa el Salvador ergatterten wir ein kleines Grundstück. Wir rammten vier Pfähle in den

Boden, banden Matten und Plastikplanen daran fest und bauten uns ein Hüttchen von drei mal drei Metern. Wir hatten weder Strom noch fließendes Wasser. Einmal in der Woche kam drei Straßen weiter eine Wasserlieferung. Abgemessen wurde in Porongo-Kürbissen und wir füllten einen Behälter, wie ihn jede Familie in ihrer Hütte hatte und der bis zur nächsten Woche reichen musste. Im Januar und Februar ist die Hitze unerträglich und das gespeicherte Wasser fängt an zu stinken. Es gibt auch viele Mücken, denn der Müll wird nirgendwo gesammelt, und nicht alle Leute graben ein Loch, um ihre Bedürfnisse zu verrichten. Im Juni und Juli ist es sehr kalt und die Wäsche wird vor lauter Feuchtigkeit nicht trocken. In unserer Gemeinde auf dem Land leben wir selbst in den einfachen Häusern aus *Adobe* und sogar in den *Ch'uqllas*, den Hütten aus Stein und Stroh, geschützter und auch würdiger als in diesem Elendsviertel, wo es nichts weiter als Sand und Müll gibt und nicht einmal Pflanzen sprießen. Und viele glauben, das Leben in Lima sei besser. Ebenso gibt es viele Eltern, die meinen, dass es ihren Kindern in Lima besser ginge, selbst wenn sie bei fremden Leuten aufwachsen müssen.

Nach den zwei Monaten zu Hause arbeitete ich wieder so wie vorher. Wir kauften ein dreirädriges Lastenfahrrad, denn ich konnte nicht mehr das Gemüse und gleichzeitig die beiden Kleinen auf dem Rücken tragen. Rafael schlug mich oft, vor allem wenn er betrunken war. Ich erinnere mich, dass einmal, als ich gerade beim Einkaufen war, ein Hund in die Hütte lief und das Mittagessen auffraß, das ich unter einem Deckel für Rafael beiseite gestellt hatte. Als er kam, schlug er mich, weil kein Essen mehr da war. Unter den Schlägen sagte ich zu ihm: „Wenn du schon Geld hast um dich zu besaufen, warum kannst du nicht wenigstens eine Tür bauen, damit die Hunde nicht reinkommen?" Hätte ich bloß nichts gesagt! Rafael schlug mich so hart ins Gesicht, dass mir beide Augen zuschwollen. Viele solche Dinge passierten, und ich ertrug sie, denn ich dachte, ich müsse der Kinder wegen irgendwie weitermachen.

Eines Tages sagte mir Rafael ich solle zu Hause bleiben und

die Kleinen waschen, denn wir würden abends ausgehen. Wir waren schon lange nicht mehr ausgegangen und so freute ich mich und machte die Kleinen zurecht. Aber Rafael kam nicht. Ich dachte er hätte sich betrunken, denn wenn er trank, kam er oft nicht nach Hause. Am nächsten Tag jedoch sagten mir die Nachbarn, dass er bei einem Verkehrsunfall ums Leben gekommen wäre. Das war ein harter Schlag für mich. Ich hatte ihn nie geliebt, aber ich hatte mich an ihn gewöhnt. Seitdem ich als Kind verlassen worden war, hatte ich davon geträumt, dass meine Kinder mit Mutter und Vater aufwachsen würden. Der schuldige Fahrer war geflohen und man hörte nie wieder von ihm.

Bei dem Unfall war das Lastenfahrrad mit der gesamten Ware kaputt gegangen, nun hatte ich nichts mehr. Die Nachbarn legten für die Beerdigung zusammen. Ich fing dann an, auf dem Großmarkt von La Victoria Zwiebeln zu verkaufen, die beiden Kleinen trug ich mit mir herum. Von meinem Haus bis zum Markt war es eine Stunde Fahrzeit. Nur wer richtig durchtrieben ist, kann an diesem Markt bestehen, wer nicht, wird beklaut, getreten und betrogen. Einer meiner Nachbarn von Villa el Salvador fuhr auch jeden Tag zu diesem Markt und er half mir, die Kleinen zu tragen. Er hatte keinerlei Hintergedanken, doch seine Frau wurde eifersüchtig. Es war ein echter Freundschaftsdienst. Auch die Träger halfen mir und ließen die Kleinen auf ihren Transportwägen sitzen, während ich an den Lastwagen die Zwiebeln besorgte. Ohne diese Unterstützung hätte ich an diesem unmenschlichen und grausamen Ort nicht überleben können.

Nach dem Tod von Rafael wurde ich krank, meine Hände und Knie begannen zu schmerzen. Die ersten beiden Jahre achtete ich nicht weiter darauf, sondern arbeitete einfach weiter, denn ich musste ja meine Kinder durchbringen. Bis ich dann die Schmerzen nicht mehr aushielt. Ich fuhr nach San Salvador (Cuzco) zu meinen Schwiegereltern, in der Hoffnung sie könnten mir helfen, meine Krankheit behandeln zu lassen. Sie dachten aber lediglich daran, mich mit einem Cousin von Rafael zu verheiraten, damit ich in der Familie bliebe.

Ich wollte das nicht. Ich wollte keinen Stiefvater für meine Kinder. Ich wollte wieder weg und versuchen, unser Grundstück in Villa El Salvador zu verkaufen, um dann mit diesem Geld einen Arzt bezahlen zu können und gesund zu werden. Damals wusste ich noch nicht, dass ich Arthritis hatte. Die Schmerzen wurden unerträglich, jede Bewegung tat mir weh. Ich war völlig verzweifelt. Ich konnte nichts in die Hand nehmen, geschweige denn irgendetwas Schweres heben, und nicht einmal mit Wasser in Berührung kommen. Zeitweise konnte ich auch nicht mehr laufen. Da es mir so schlecht ging, überredete mich meine Schwiegermutter, die Kinder bei ihr zu lassen. Noch heute bedaure ich die Entscheidung, sie ihr überlassen zu haben, obwohl mir mein Gewissen sagt, dass es gar keine andere Möglichkeit gab.

In Lima verschlechterte sich mein Gesundheitszustand, ich war traurig und sehnte mich nach meinen Kindern. Ich verkaufte wieder auf dem Großmarkt und versuchte, den Männern zu entkommen, die mich für ledig hielten. Ich wollte bald nach San Salvador zurückkehren, aber ich wollte auch Geld sparen, um gesund zu werden, denn ich dachte: Wie soll ich mich in diesem Zustand um meine Kinder kümmern?

Der Busfahrer, der uns jeden Tag zum Markt fuhr, sagte mir eines Tages, dass er Serafín heiße und mit mir zusammenleben wolle. Und da ich weder ein noch aus wusste, nahm ich seinen Vorschlag an. Ich liebte ihn nicht und kannte ihn gar nicht, aber ich dachte, dass das Leben mit ihm zusammen einfacher sein könnte. Ich dachte in diesem Moment nicht über die Zukunft nach. Ich stellte mir nicht die Frage, ob er mich zu meinen Kindern zurückkehren lassen würde. Das einzige, worauf ich hoffte, war eine Linderung meiner Leiden, denn ich konnte nicht mehr. Im Mai 1980 bekam ich eine Tochter von ihm: Griselda.

Von da an war ich nicht mehr fähig aufzustehen. Ich blieb mit meiner Tochter im Bett und Serafín musste sich um uns beide kümmern. Meine Hände und Füße waren geschwollen und schmerzten wegen der Arthritis. Ich konnte nicht mehr arbeiten und das Geld reichte nicht, um mich behandeln zu lassen und gleichzeitig noch Milch für das Baby zu kaufen, denn meine Krankheit machte es unmöglich, sie zu stillen. Serafin wurde meiner überdrüssig. Er kümmerte sich nur noch um seine Tochter, um mich aber nicht mehr. Er gab mir kein Essen mehr, er ignorierte mich einfach. Ich dachte, mein Ende sei gekommen. Ich wollte nach Cuzco fahren, um meine anderen Kinder zu sehen und dann in meinem Dorf zu sterben. Es ging mir jeden Tag schlechter und ich war sicher, nicht mehr lange zu leben. Ich ließ die Kleine bei ihrem Vater und dachte, ich würde sie nie wiedersehen.

Einsam und traurig fuhr ich nach San Salvador, ich war eine Invalidin. Den Kindern ging es gut. Meine Schwiegereltern hatten ihnen allerdings gesagt, dass ich nicht ihre Mutter sei, sondern eine Kranke, die Geld brauche, um gesund zu werden und die sie deswegen verkaufen wolle. Meine eigenen Kinder hatten Angst vor mir, und meine Kraft reichte nicht aus, mich zu wehren. Meine Hände und Füße waren verkrümmt und niemand half mir. Ich fuhr nach Huayllaqocha in der Hoffnung, dass meine Familienangehörigen mir helfen würden, aber lediglich Catalina, die Nichte meines Großvaters, nahm mich bei sich auf und gab mir zu essen. Mein Stiefvater verbot meiner Mutter den Kontakt zu mir und behauptete, dass meine Krankheit ansteckend sei und sie auch so werden würde wie ich. Meine Mutter wollte überhaupt nichts von mir wissen. Catalina half mir gemeinsam mit ihrem Mann, aber ihr Vater machte ihr das Leben zur Hölle und behauptete, ich hätte sicherlich etwas mit ihrem Mann und deswegen würde der mir helfen. Das wurde so schlimm, dass sie mich eines Tages baten zu gehen. Ich fand ein altes, verlassenes Hüttchen, das innen ganz leer war, las Stroh vom Feld auf und breitete es auf dem Boden aus, um darauf zu schlafen. Eine Nachbarin merkte, dass ich nicht einmal zu essen hatte. Sie lieh mir etwas Geld, damit ich billigen Alkohol kaufen könne, und diesen tauschte ich dann gegen Lebensmittel ein. Meine Mutter dagegen hat mir nie geholfen, obwohl sie doch sah, wie sehr ich litt.

Zweiter Teil

Dem Leben eine neue Richtung geben

Gemeinsam gegen das Leid
Über das Leben auf den Haciendas
Die Organisation erhält Zulauf
Schwierigkeiten bei der Mobilisierung
Die Arbeit von Hilda Paradicino
Von meinen Schmerzen und meiner Erschöpfung
Als Anführerin wachsen
Der Tod meines Sohnes

Im Jahre 1981 freundete ich mich mit der Krankenschwester Hilda Paradicino an, die auf der Krankenstation von Huayllaqocha für PEBAL [6] arbeitete. Ich begleitete sie regelmäßig zur Krankenstation. Sie ließ mich einen Monat lang im Krankenhaus von Cuzco internieren, damit meine Arthritis behandelt würde. Sie besuchte mich dort und kaufte meine Medikamente. Es ging mir etwas besser, ich konnte wieder einigermaßen laufen, aber die Behandlung war sehr teuer und ich konnte sie nicht fortsetzen.

Hilda sprach immer davon, dass wir Frauen uns organisieren müssten, um nicht mehr so zu leiden. So kam es, dass wir beide das Frauenkomitee von Huayllaqocha gründeten. Zuerst trafen wir uns nur zu zweit, dann waren es sieben Frauen, und nach einem halben Jahr kamen schon fünfzehn Frauen zu den Versammlungen.

Mit Unterstützung von PEBAL konnten wir als erstes eine Essküche für die Kinder in Huayllaqocha gründen. Dieser Ort diente uns auch als Versammlungsraum. Die meisten Ehemänner verstanden nicht, warum wir Frauen uns treffen wollten. Sie dachten, wir würden da nur herumtratschen. Aber

---

[6] Eine *Nichtregierungsorganisation* der Jesuiten, die sich um extrem arme Menschen in den Städten kümmert.

als sie erfuhren, dass die Organisation Kindern zu essen gab, waren viele einverstanden. Ein anderes wichtiges Thema war der Wunsch vieler Frauen, lesen und schreiben zu lernen, denn wir wurden beim Verkauf unserer Produkte oft von den Händlern übers Ohr gehauen. Außerdem hat eine Analphabetin immer Schwierigkeiten, wenn sie irgendein Dokument beantragen will. Sie kann ihren Kindern nicht bei den Hausaufgaben helfen und die Informationen nicht lesen, die sie bei Versammlungen oder Kursen erhält. Hilda erzählte uns in den Versammlungen von Domitila Barrios de Chungara, einer leidgeprüften bolivianischen Zechenarbeiterin. Sie hatte eines Tages die Arbeiter der Zechen organisiert, um gemeinsam für ihre Rechte zu kämpfen. Es beeindruckte mich sehr, von solch einer mutigen Indígena-Frau zu hören und ich fragte mich: „Na also, worauf warten wir noch?" Als wir beschlossen, dem Frauenkomitee eine Struktur zu geben, wurde ich als Vorsitzende gewählt und Nelly, Damiana, Valentina y Domitila Puma kamen in den Vorstand.

Hilda nahm mich in andere Distrikte mit, ich sollte dort Frauen von anderen Komitees kennenlernen, die mehr Erfahrung hatten als ich. Diese Treffen waren sehr wertvoll für mich, vor allem die Bekanntschaft mit *Compañeras*, die zu Zeiten, als ich noch eine kleines Mädchen war, bei Landbesetzungen mitgemacht und sich dabei den Großgrundbesitzern entgegengestellt hatten. Dazu gehörten zum Beispiel Paolita Acostupa und ihre Schwester Nicolasa aus der Bauerngemeinde Chacán.

Der Kampf, den sie und ihre Organisation führten, konzentrierte sich nicht speziell auf die Frauen, sondern ging von der unerträglichen Ungerechtigkeit aus, unter der wir alle – Männer wie Frauen – auf den Haciendas zu leiden hatten. In Huaypuchico gab es damals nicht die Häuser, die heute da stehen. Es gab nur ein einziges großes Haus, das gehörte dem Großgrundbesitzer, und wir anderen, das heißt, meine Familie und weitere neun Familien waren Pächter beziehungsweise Landarbeiter des Großgrundbesitzers, wobei jede Familie eine *Ch'uqlla* bewohnte, eine Hütte, wie sie auf dem Land üblich ist. Jeden Tag mussten wir für die Hacienda arbeiten, und zwar alle, selbst die Kinder, um auf diese Weise die Pacht des kleinen Fleckchen Lands abzuzahlen, das uns der Gutsherr für unseren Eigenbedarf gab. Dabei hatten wir noch Glück, dass wir überhaupt ein Stückchen Land für uns bekamen, denn andere Familien bekamen nicht einmal das. Manchen gab man auch Äcker, die noch kleiner oder noch unproduktiver waren als unsere. Die gaben natürlich nie genug Futter her, so dass das Vieh dieser Familien auf den Böden des Großgrundbesitzers weiden musste. Und um dieses Futter zu bezahlen – man nannte es „Futtergras" – forderte er jährlich eine bestimmte Anzahl an Tieren, und die betroffenen Personen mussten außerdem jederzeit bereit sein, gratis für ihn zu arbeiten. Wir arbeiteten natürlich auch von Montag bis Samstag für ihn, und hatten nur den Sonntag, um das Stückchen Land zu bearbeiten, das er uns verpachtete. Davon ernährten wir uns, denn Essen bekamen wir vom *Patrón* keins. Bei so viel Arbeit hatten wir noch nicht einmal Zeit, unsere Wäsche zu waschen.

Mein Großvater hatte die Aufgabe, das Viehhüten zu organisieren, es waren Hunderte von Tieren und er musste jeden Abend nachzählen, ob noch alle da waren. Wenn ein Landarbeiter nicht aufgepasst oder ein Tier sich verlaufen hatte, schlug der Großgrundbesitzer meinen Großvater und dieser musste ihm den Verlust doppelt ersetzen. Wenn ein Schaf gestorben war, aß der *Patrón* das Fleisch und nahm außerdem noch eins von unseren weg. Manchmal trieb er auch einfach so aus Spaß eines unserer Tiere auf seine eigenen Weiden und verlangte dann von uns, das abgefressene Weidefutter zu bezahlen. Dafür wählte er immer das größte und schönste aus, obwohl er selbst Hunderte davon hatte, und wir nur einige wenige. Eigentlich zogen wir unser Vieh nur für diese Leute auf, für uns blieb nichts. In der Nacht wechselten die Arbeiter sich dabei ab, das Vieh zu beaufsichtigen, denn wenn der Fuchs ein Tier wegfraß, war das auch unsere Schuld.

Die Großgrundbesitzer hatten ihre *Mayordomos*, das heißt, sie wählten sich unter den Pächtern einige aus, die dann jeweils für irgendetwas verantwortlich waren, für das Weiden oder die Arbeit im Haus zum Beispiel. Es gab für alle Bereiche solch einen Aufseher. Um seine Arbeit auszuführen, musste sich der *Mayordomo* gegen seine eigenen Leute stellen, gegen uns alle. Für jeden Fehltritt bekam man Schläge von ihm, denn er war verantwortlich für alles. Trotzdem gab es einige, die versuchten, uns zu helfen, wo sie konnten. Doch die meisten nutzten diese Stellung zu ihrem eigenen Vorteil aus. Die Aufseher saßen auf Pferden, um die Leute zu überwachen. Für sie gab es diese schweißtreibende Knochenarbeit nicht mehr, den ganzen Tag ritten sie auf ihren Pferden herum und meldeten sämtliche Vorfälle dem *Patrón*, der dann die Bestrafung übernahm.

Jeden Abend wurde den Landarbeitern Alkohol ausgeschenkt, aber nur ein bisschen. Betrinken durften sie sich nicht, denn am nächsten Tag mussten sie pünktlich bei der Arbeit erscheinen. Nur sonntags war es möglich, sich zu betrinken. Das war aber der einzige Tag, an dem wir für uns selbst arbeiten konnten, und der Arbeitsertrag war dann an diesem Tag oftmals nicht gerade hoch. Außerdem hatten die Großgrundbesitzer mehrere Haciendas in verschiedenen Provinzen, und wenn irgendwo gerade mal Leute fehlten, wurden wir für ein oder zwei Wochen dorthin geschickt und konnten dann unsere eigenen Äcker nicht mehr bearbeiten.

Unsere Herrin reiste regelmäßig zu den Haciendas, die sie in anderen Provinzen hatte. Wenn sie weg war, ging es uns etwas besser. Kam sie dann wieder, lebten wir in Angst, denn wir wurden angeschrien und bekamen Schläge. Aber dann überließ sie die Hacienda mitsamt uns allen einer gewissen Familie Fernández. Die waren noch schlimmer. Und die waren immer da, sie fuhren nie weg. Ich erinnere mich an all die Misshandlungen Manchmal schlugen sie so lange auf meinen Großvater ein, bis er ohnmächtig wurde, und ich schrie dann, verzweifelt darüber, dass ich ihm nicht helfen konnte. Ich musste zusehen, wie sie ihn schlugen, und wenn ich wegen ihm weinte, schütteten sie kaltes Wasser auf mich. Wenn sie betrunken waren, missbrauchten sie auch die Mädchen, alle hatten Angst vor ihren Gewalttätigkeiten.

Solche oder noch üblere Erfahrungen haben damals sämtliche Bauernfamilien in Peru gemacht. Das wurde so schlimm, dass schließlich alle darin übereinkamen, sich zu organisieren und zu kämpfen. Man traf sich nachts in aller Heimlichkeit, um die Einnahme der Haciendas zu planen. Da das Heer vollkommen auf der Seite der Kaziken stand und hart gegen jeden vorging, der irgendwie aus der Reihe tanzte, beschlossen die Frauen, bei jeder kritischen Situation immer voranzugehen, um auf diese Weise ihre männlichen Mitkämpfer zu schützen. Das war in den 60-er Jahren.

Seit 1982 nahm ich an Kursen teil, die die Nichtregierungsorganisation PEBAL in der Provinz Anta organisierte. Es ging meistens um Ernährung und um Organisationsformen. Später ging ich auch zu den Versammlungen der Bauerndachverbände von Cuzco und Anta, dort hörte ich aber nur zu. Da ich die Vorsitzende unseres Komitees war und außerdem die einzige, die keinen Ehemann hatte, schickten mich die Frauen als Delegierte, denn ihre Männer erlaubten ihnen nicht, die Gemeinde zu verlassen. Irgendwie gefiel mir die Stimmung bei diesen Versammlungen, und es gefiel mir auch, dass da von Gleichheit gesprochen wurde, und davon, dass es weder Ausbeutung, noch Reiche, noch Arme geben dürfe. Aber sie bezogen sich nie auf die Frauen, sagten nie, dass wir Frauen ebensoviel Mut wie die Männer hätten. Manchmal baten wir ums Wort, weil wir unsere Meinung abgeben wollten, aber die Männer ließen uns nicht sprechen. Sie schnitten uns das Wort ab, oder pfiffen uns aus. In ihrem Weltbild war nicht vorgesehen, dass Frauen sich äußern dürften, und auch die Frauen fanden es anfangs nicht normal, vor den Männern zu sprechen, und erst recht nicht, diesen zu widersprechen. Nach und nach nahmen wir unsere Kräfte zusammen und forderten als erstes dieses Recht, zu sprechen und angehört zu werden. Bei den Treffen unserer Gruppe machten wir schon vorher aus, was jede von uns in den großen Versammlungen sagen würde. Wir mussten unseren ganzen Mut zusammennehmen, um die Pfiffe zu ignorieren. Es gab so viel zu sagen und wir konnten einfach nicht schweigen.

Es wurde auch nie darüber gesprochen, dass wir Indígenas das Recht einklagen müssen, nach unserer Kultur zu leben. Es ging immer nur um Arme und Reiche, immer nur um materielle Dinge.

Aber zu dieser Zeit fand ich es schon gut, dass sie darüber sprachen, denn niemand hatte je die Ausbeutung denunziert, und es gab eine so ungeheure Ungerechtigkeit.

Zwei der Frauen dort hatten schon Erfahrungen mit der Leitung von Organisationen, sogar auf nationaler Ebene. Sie baten in den Versammlungen immer ums Wort. Aber ich fühlte mich ihnen nie nah, und konnte mich auch nicht mit dem identifizieren, was sie sagten. Es schien mir vielmehr, dass ihre Beiträge nicht echt waren, dass sie nur den Anschein erweckten, dass die Frauen auch mitwirken und schon einen Platz einnehmen würden.

Paolita und Nicolasa, die waren wirklich Vorbilder für mich. Wenn die Versammlungen zu Ende waren, war es oft schon zu spät, um in unsere Häuser zurückkehren zu können, und wir schliefen zusammen auf der Straße, auf dem Weg, oder wo auch immer. Und wenn die kleine Wegzehrung aufgebraucht war, litten wir alle zusammen Hunger. Wir sprachen dann viel miteinander und sie erzählten mir, wie sie sich früher bei den Landbesetzungen organisiert hatten. Sie meinten, dass ich als Jüngere ihrem Beispiel folgen sollte.

Im August 1984 organisierten wir – mit Hilfe der Erfahrungen von Paolita und Nicolasa und anderer Frauen, die früher dabei waren, sowie mit Unterstützung weiterer Nichtregierungsorganisationen – das erste Zusammentreffen der Bäuerinnen der Provinz Anta. Eines unserer wichtigsten Anliegen war die Erziehung der Mädchen, denn damals wurden nur die Jungen zur Schule geschickt. Um diesen Plan vorzubereiten und dabei auf die Mitwirkung der Frauen zählen zu können, fuhren wir in die Gemeinden. Dort, wo die Familiengärten und die Essküchen schon in Betrieb waren, bekamen wir von den Compañeras Unterstützung, denn ihre Ehemänner hatten be-

Trigo ichhuy, das Fest des Haareschneidens

Huayllaqocha - Hilarias Heimatdorf

Engagiert organisiert Hilaria die Frauenverbände ihrer Heimat

Auf der ehemaligen Hacienda von Ilivera Romanvil in Huaypuchico im Hochland von Peru

Hilaria in ihrem Laden in ihrem Heimatdorf

Im Haus von Waltraut Stölben in Urubamba

Hilaria mit ihrer Mutter

Hilaria 1999 bei der offiziellen Präsentation des Buches und Videos "Nada Personal" in Lima

reits gemerkt, dass unsere Versammlungen zu etwas gut waren.

Die Familiengärten waren sehr nützlich zur Verbesserung der Ernährung der Kinder und der gesamten Familie. Allerdings mangelte es an Wasser, deshalb konnte nur in der Regenzeit Gemüse geerntet werden. In der Trockenzeit gab es Kartoffeln, Mais und Getreide zu essen. Wenn die Gärten in Hausnähe liegen, können sie besser bewirtschaftet werden, denn dann kann man die Pflanzen wenigstens mit dem Wasser vom Abwasch gießen.

Die einzige Möglichkeit, an die Frauen heranzutreten und sich ihrer Mitwirkung zu versichern, bestand darin, in die Gemeinden zu fahren und dort unsere Aktivitäten bekanntzugeben. In der Regel stehen die Häuser auf dem Land sehr weit auseinander und wir riefen die Leute über einen Lautsprecher zusammen, den wir an eine Autobatterie anschlossen. An vielen Orten, wo es keinen Stromanschluss gibt, haben die Leute eine Autobatterie im Haus, damit hören sie Radio, oder schließen eine kleine Glühbirne an, so dass sie in der Nacht Licht haben. Wenn die Batterie leer ist, wird sie per Esel zum nächsten größeren Dorf gebracht, um sie wieder aufzuladen.

Oder aber wir suchten uns eine sehr aktive Person oder die Vorsitzende des Frauenkomitees und baten diese, die Frauen zusammenzurufen und unsere Nachrichten weiterzugeben. Das ging aber nur an Orten, wo es irgendeine Vertrauensperson gab, bei der wir auch sicher sein konnten, dass sie den Auftrag ausführen würde.

Unsere Arbeit wurde nicht nur durch den großen Abstand zwischen den Häusern erschwert, sondern auch die Distanz von einer Gemeinde zur nächsten machte uns zu schaffen, ebenso der schlechte Straßenzustand und überhaupt die mangelnden Fortbewegungsmöglichkeiten. Es gibt sehr baufällige Straßen, die besonders zur Regenzeit gefährlich oder gar nicht passierbar sind. Früher gab es auch nicht so viele Busse wie heute, es war wirklich schwierig, irgendwo hinzukommen.

Einmal fuhren wir in einem Kleinlaster in den Distrikt Chinchaypuquio. Simón Qorimanya war dabei, ein Mann, der 1992 den Frauen geholfen hatte, die Arbeitsniederlegung der Bauern zu organisieren. Damals gab es noch keine Brücke, um den Fluss auf Höhe der Gemeinde Cconchacalla zu überqueren. Man musste mit dem Wagen durch den Fluss fahren. Wir hatten das schon oft getan, aber an diesem Tag regnete es sehr stark. Als wir ungefähr in der Mitte des Flusses waren, trieb die Strömung den Wagen weg. Glücklicherweise erkannten uns die Bauern von weitem und machten sich sehr schnell daran, uns zu retten. Von oben warfen sie Seile runter und viele Männer zogen zusammen den Wagen gegen die Strömung, bis er wieder auf der Straße war. Mit einigen Stunden Verspätung kamen wir dann in Chinchaypuquio an, es war schon dunkel.

Ich musste oft auswärts übernachten, denn es gab keine Möglichkeit, nach Hause zurückzukehren. In den Gemeinden wurde ich sehr freundlich empfangen. Die Mitstreiterinnen brachten mich bei sich unter, und ein Kartöffelchen, ein bisschen gekochter Mais oder etwas *Lawita* waren immer übrig. Auf diese Weise hatte ich viel Zeit, mich auch außerhalb der Versammlungen mit den Frauen und ihren Ehemännern zu unterhalten. Oftmals vertrauten sie mir ihre Probleme und Sorgen an, manchmal gemeinsam, manchmal unter vier Augen. Die Freuden, Leiden und Bedürfnisse der Leute so aus der Nähe kennenzulernen, das war für mich eine sehr schöne und wertvolle Erfahrung.

Zu vielen Gemeinden kann man nur zu Fuß oder mit dem Pferd gelangen. Das war sehr hart für mich, denn wegen der Arthritis sind meine Füße missgestaltet und das Laufen tut mir weh. Seit 1977 meine Krankheit angefangen hat, ist der Schmerz mein ständiger Begleiter, Schritt für Schritt, Tag und Nacht. Seit damals nehme ich Medikamente, um die Schmerzen in meinem ganzen Körper zu ertragen. Bei Kälte – und in Huayllaqocha und anderen sehr hoch gelegenen Gemeinden ist es fast immer kalt – werden die Schmerzen stärker. Deshalb muss ich immer ziemlich viel Kleidung tragen, um mich warm zu halten. Da ich alleine wohne, ist auch nicht immer jemand da, der mir beim Ankleiden hilft. An Tagen, an denen es mir sehr gut geht, brauche ich ungefähr eine Stunde zum Anziehen. Wenn es mir schlecht geht, kann ich mich gar nicht anziehen und muss im Bett bleiben. Anscheinend haben die Tabletten meine Gesundheit ziemlich beeinträchtigt, denn ich bin schwächlich und fange leicht Krankheiten ein. Um gegen die Arthritis anzukämpfen, müsste ich ständig eine bestimmte Diät und Behandlung einhalten, aber dafür reicht mir das Geld nicht, ich muss essen, was gerade da ist.

Das alles erzähle ich nicht, um mich zu beklagen, sondern weil es einen Einfluss auf mein Leben und mein Wesen hat. Oft habe ich das alles so über, dass mein Körper ständig schmerzt und nicht so funktioniert, wie er sollte, dass ich für die einfachsten Sachen Hilfe brauche, dass ich immer jemandem sagen muss, er solle dies oder jenes tun. Manchmal ärgere ich mich auch über die Frauen, die nicht sehen, was es zu tun gibt; die vor der Versammlung nicht den Besen nehmen, und den Raum kehren; die ihren Teller nicht waschen, nachdem sie gegessen haben; oder die Sachen nicht flink erledigen. Da kann ich sogar böse werden, denn in dem Moment denke ich: „Wenn sie doch gesunde Hände und Füße haben, wieso bewegen sie sich dann nicht!" Ich mache dann den Eindruck, sehr bestimmend zu sein, das kommt daher, dass ich traurig bin wegen meiner ständigen Schmerzen, und dann manchmal vergesse, dass sie vielleicht anderen Kummer haben, der nicht sichtbar ist. Wenn ich darüber nachdenke, tut es mir leid. Ich erkläre den Frauen meine Lage und entschuldige mich für mein Verhalten. Und ich stoße bei ihnen auf Verständnis. Ich weiß ja, dass die meisten meiner Schwestern schlecht behandelt werden, und selbst der Schmerz darf keine Entschuldigung sein, um sie genauso autoritär zu behandeln, wie es die Personen tun, die ich immer kritisiere.

Manchmal denke ich: Wie wäre wohl mein Leben ohne die Krankheit gewesen? Ich bin überzeugt, dass alles, was einem im Leben passiert, einen Grund hat. Wenn der Schmerz und die Verzweiflung mich ganz zu beherrschen drohen, suche ich nach dem Warum. Auch wenn ich bis jetzt nicht weiß, wo der Ursprung meiner Krankheit liegt, so weiß ich doch, dass mein

Leben ohne sie ganz anders gewesen wäre. Vielleicht hätte ich ja viele Kinder gehabt und einen Ehemann, der mich nicht zu den Versammlungen hätte gehen lassen. Man kann es nicht wissen. Ich bin glücklich über den Weg, den ich eingeschlagen habe, aber ich würde gerne irgendetwas finden, was meine Schmerzen lindert und meinen Körper beweglicher macht, um mich dann voll und ganz der Arbeit zum Wohl unserer Gemeinden widmen zu können.

Seit 1985 nahm ich an Kursen des CADEP teil, um in Huayllaqocha ein Vorschulprogramm (PRONOI) aufziehen zu können. Da ich mit der Krankenschwester auf der Krankenstation wohnte, kamen jeden Morgen ungefähr 60 Kinder dorthin. Ich zeigte ihnen Spiele und Lieder, und andere Dinge, die ihnen später einmal nützlich sein könnten. Wir bastelten Spielzeug aus den Materialien, die wir in der Gemeinde fanden. Viele Eltern dachten, dass ein Kind, das spielt, ein faules Kind sei. Nur wenige verstanden, dass das Spiel dem Kind gut tut. Etliche Kinder liefen aus ihren Häusern weg, um zum Unterricht zu kommen. Zwei Jahre lang leitete ich diese Kindergruppen. Danach übernahm eine andere *Compañera* aus meiner Gemeinde diese Aufgabe.

Seit 1985 nahm unser Frauenkomitee auch an den Tagungen des Departements, sowie an den Arbeitsniederlegungen der Bauern und den dazugehörigen Sitzungen teil. Da lernte ich, in großen Versammlungen vor vielen Leuten zu sprechen. Dann wurde ich delegiert, bei den Tagungen des Verbandes der Bauern des Qosquo (FDCQ) auf Departament-Ebene teilzunehmen, und dann auch bei den Tagungen des Dachverbands der Bauern von ganz Peru (CCP).

Ich habe an vielen Versammlungen und Veranstaltungen aktiv teilgenommen. Oftmals war mein Beitrag gar nicht vorgesehen, wie zum Beispiel bei der Veranstaltung der Stadtverwaltung von Cuzco anlässlich des Internationalen Tages der Frau im Jahre 1993. Doch selbst ohne Unterlagen und ohne einen vorbereiteten Vortrag habe ich mehr beeindruckt als andere Vertreterinnen verschiedener Institutionen, indem ich ganz einfach von unserer Realität sprach.

Die Notwendigkeit, ein bisschen lesen und schreiben zu lernen, wurde immer dringlicher, denn ich wollte die Unterlagen verstehen, die in den Versammlungen verteilt wurden. Die Krankenschwester Hilda lehrte es mich. Sie arbeitete nicht nur in unserer Gemeinde, sie lebte auch dort, und sah unsere Bedürfnisse sozusagen ganz aus der Nähe. Diese Frau arbeitete sehr viel. Sie half uns nicht nur in ihrem Aufgabenbereich, in der Krankenstation, sondern auch in allen anderen Bereichen. Mit den anderen Gesandten der Nichtregierungsorganisation PEBAL, die in Gemeinden der Provinz Anta arbeiteten, waren die Frauen auch sehr zufrieden. Zu dieser Zeit waren die Vertreter der Nichtregierungsorganisationen anscheinend sehr problembewusst und motiviert. Gleichzeitig respektierten sie uns, denn sie sagten immer, dass wir die Entscheidungsgewalt hätten, nicht sie.

Mit Hildas Hilfe organisierten wir Frauenkomitees in allen Distrikten und in einigen Gemeinden. Die verantwortlichen Frauen jedes Distrikts übernahmen die Aufgabe, die Delegierten der einzelnen Gemeinde zu sammeln, um Treffen abzuhalten und sich zu organisieren. Von da ging auch die Idee aus, uns auf Ebene der gesamten Provinz zu organisieren. Nach dem Frauentreffen von 1984 bekam jeder Distrikt Aufgaben zugeteilt, die auf Ebene der einzelnen Frauenkomitees durchgeführt wurden. Es ging um Bewusstseinsbildung und Ausbildung der Frauen, mit dem Ziel, unsere Lebensbedingungen zu verbessern. Erste Priorität war es allerdings, gegen die körperlichen Misshandlungen anzukämpfen, unter denen die meisten von uns zu leiden haben.

Nachdem wir sechs Jahre lang im Bereich der Ausbildung der Frauen gearbeitet hatten und Fortschritte bei deren Organisation erzielen konnten, wurde auf Initiative von Concepción Quispe, die zu dieser Zeit nationale Frauenbeauftragte des Bauerndachverbandes war, die Erste Tagung der Bäuerinnen der Provinz Anta abgehalten. Anlässlich dieser Veranstaltung gründeten wir am 11. Februar 1990 den Verband der Bäuerinnen von Anta (FEMCA), bei dem ich das Amt der Organisationssekretärin übernahm. Bei der zweiten Tagung im Jahre 1994 wurde ich als Generalsekretärin gewählt.

Ich habe bereits erzählt, dass ich wegen meiner Krankheit meine ältesten Kinder bei meinen Schwiegereltern lassen musste. Sie haben die Kinder aufgezogen. Wenn es mir möglich war, fuhr ich sie besuchen. Aber ihre Großeltern und andere Verwandte hatten ihnen vorgelogen, dass ich sie verkaufen wollte, um meine Medikamente zu besorgen. Und sie hatten noch mehr solche Dinge erfunden. Deshalb sahen meine Kinder mich nicht als ihre Mutter an, sie hatten Angst vor mir. Jedes Mal wenn ich sie sah, litt ich sehr unter ihrer Abweisung. Später, als mein Sohn Boris schon ein Jugendlicher war, konnte ich mich gut mit ihm unterhalten. Er verstand die Dinge dann schon, konnte einsehen, aus welchen Gründen ich ihn damals verlassen musste, und war nicht nachtragend mit mir. Zwischen uns bildete sich eine sehr enge Beziehung. Er wollte nach Beendigung der Schule auch eine Weile bei mir leben, und erst danach irgendein Studium aufnehmen.

Er starb im Dezember 1991, als ihm nur noch ein Jahr Schule fehlte. Es war ein Verkehrsunfall. Ein Kleinlaster hatte sich überschlagen, und einer der drei Toten war mein Sohn. Er ließ mich traurig und trostlos zurück. Wir waren uns so nah gekommen. Ich wollte nicht mehr leben. Ich wollte ihm folgen.

Aber ich hatte Freundinnen und Freunde, die mich wieder hochbrachten, die mir durch ihre Gegenwart, ihre Worte und ihr Verhalten Kraft gaben. Ich verstand, dass die *Ukhu Pacha*, die *Kay Pacha* und die *Hanaq Pacha*, die drei Ebenen unserer Weltordnung, zusammen eins sind. Unsere hiesige Welt, die *Kay Pacha*, macht nur einen Teil des Ganzen aus. Durch die heiligen Kokablätter stellen wir Kontakt zwischen den drei Welten her. Von dort, vom Jenseits aus, begleitet mein Sohn mich weiterhin und hilft mir. Er ist bei mir. Wenn ein geliebtes Wesen fortgeht, darf man nicht daran denken, ihm unbedingt folgen zu wollen. Wie oft habe ich gefragt, wie oft habe ich geschrien: „Warum? Warum bist du gegangen? Warum hast du mich verlassen?" Vielleicht ist es, weil alles seine Zeit hat.

Meine Zeit war noch nicht gekommen. Ich habe noch viel zu tun in der *Kay Pacha*. Deshalb machte ich weiter. Ich fühlte ein Drängen in mir, etwas für die Frauen und für die Kinder zu tun, es soll keine verlassenen Kinder mehr geben. Ich musste für sie tun, was ich für meine eigenen Kinder nicht hatte tun können. Und ausgehend von meinem eigenen Leben, das so voller Leiden und Misshandlungen war, beschloss ich dafür zu kämpfen, dass sich die Lage der Kinder und Frauen verbessert. Bei allem, was ich organisierte, um anderen zu helfen, dachte ich immer an meine Kinder. Da ich nicht bei ihnen sein konnte, sie nicht begleiten und ihnen nicht direkt helfen konnte, dachte ich immer, dass, wenn ich anderen helfen würde, auch jemand meinen Kindern helfen würde. Das war mein ständiges Hoffen, dass das *Ayni* auf diese Weise funktionierte. Nur so, im Vertrauen auf das *Ayni*, schaffte ich es, meine Leiden zu ertragen.

Die Saat geht langsam auf

Aktivitäten mit der FEMCA
Über die traditionellen Autoritäten
Lernen und Verzeihen
Was bedeutet „modern sein"?

Der FEMCA habe ich mich mit viel Kraft und Hingabe gewidmet. Ich fand, dass ich nun genau das realisierte, was ich als Mädchen und Jugendliche ersehnt hatte: Frei und unabhängig sein und für ein besseres Leben kämpfen. Mein Leben hatte einen neuen Sinn bekommen, und die Fortschritte in der Organisation und beim Kampf um die Rechte der Frauen bewirkten, dass ich zumindest manchmal meine persönlichen und familiären Probleme sowie meine schlechte Gesundheit vergessen konnte.

Seit 1982, als Simón Qorimanya mit Hilfe der Stimmen der Frauen in die Kommunalregierung gewählt worden war, konnten wir aktiv an den Hauptversammlungen der Gemeinde teilnehmen. Nach und nach schafften wir es auch, bei den Tagungen und Treffen der Distrikts- und der Provinzregierung angehört zu werden.

Infolge der Gründung von Frauenkomitees in allen Gemeinden unserer Provinz wurden immer mehr Frauen wachgerüttelt und begannen, aktiv zu werden. Wir versuchten, die einzelnen Frauenbewegungen mit Hilfe der FEMCA auf Ebene der gesamten Provinz zu zentralisieren, um auf diese Weise stärker zu sein.

Die Nichtregierungsorganisation CADEP unterstützte uns. Wir brauchten Hilfe bei verschiedenen Dingen: um eine Adresse zu haben, wo wir Post erhalten konnten; um Amtsschreiben und andere Dokumente abzufassen; um Veranstaltungen zu organisieren, und vieles mehr. Sie gaben uns Samen für

Gemüsepflanzen, so dass wir mehr Familiengärten in den Gemeinden anlegen und auf diese Weise unsere Basisgruppen erreichen konnten. Sie organisierten auch Fortbildungskurse, die wir damals selbst noch nicht hätten durchführen können, da wir noch nicht genug Kontakte und Erfahrungen hatten.

In den 70-er Jahren wurde im Rahmen der Agrarreform von General Juan Velasco Alvarado ein Organisationssystem ins Leben gerufen, das aus einem leitenden Ausschuss mit Vorsitzendem, Sekretär, Schatzmeister und anderen Funktionen bestand. In gewisser Weise war die Agrarreform positiv für uns, denn durch sie haben wir unsere Böden und viele Rechte zurückgewonnen. Was wir aber bis heute nicht zurückgewinnen konnten, ist unser überliefertes Organisationssystem.

In früheren Zeiten waren die Autoritäten in der Regel ältere Leute, weil die Älteren mehr Lebenserfahrung haben. Um vom Volk respektiert zu werden, mussten diese Personen sehr gebildet sein. Sie mussten sich mit der Landwirtschaft, den Sternen, den Heilverfahren, den Zeremonien und der Geschichte auskennen, außerdem mussten sie ein sehr diszipliniertes Leben führen. Sie mussten mehrere Prüfungen durchgemacht haben. Nicht jeder konnte eine Autorität sein.

Das System der westlichen Welt will die meisten wichtigen Funktionen außerhalb der Gemeinschaft handhaben: Für spirituelle Dinge sind die Priester zuständig, für Heilungen die Ärzte, für den wissenschaftlichen Bereich die Akademiker – und was bleibt da für uns? Nur noch unsere Felder anzubauen und unsere Tiere zu züchten, sonst nichts.

Heutzutage wählt die Gemeinde ihre Führungskräfte demokratisch. Wer in die Gemeindeverwaltung gewählt wird, ist im günstigsten Fall eine anständige und bewusste Person, die willens ist, so viel wie möglich zu lernen, um die Funktion, die die Gemeinschaft ihr überträgt, gut auszuführen. Aber die heutigen politischen Funktionsträger besitzen nicht das Wissen, das unsere traditionellen Autoritäten hatten, die damals von den *Hamaut'as*, den Weisen der Gemeinde, ausgebildet wurden.

Da wir Frauen von der FEMCA überhaupt keine Erfahrung

mit Ämtern der Kommunalverwaltung hatten (einmal abgesehen von den Frauenkomitees), organisierte man uns Kurse für Frauen in leitenden Funktionen, bei denen man uns lehrte, worin der Aufgabenbereich der einzelnen Amtsträger eines Vorstands besteht, das heißt, was zum Beispiel eine Vorsitzende, eine Sekretärin oder eine Schatzmeisterin wissen und tun muss. Da die Frauen noch nicht allzuviel Vertrauen hatten und beim Sprechen noch gehemmt waren, wurden sie von der Nichtregierungsorganisation auch darin unterwiesen, wie man in einer Versammlung ums Wort bittet, wie man spricht und seine Meinung ausdrückt. Das gefiel mir nicht, denn ich hatte ja schon gelernt, meine Meinung zu sagen, und ich wollte die anderen Frauen dazu bringen, aus ihrer eigenen Seele heraus zu sprechen und nicht nur zu wiederholen, was andere ihnen vorgebetet hatten.

Im Jahr 1994 organisierten wir zusammen mit anderen Organisationen und dem Gesundheitsministerium eine Gesundheitskampagne für Frauen der ganzen Provinz, bei der kostenlos spezifische Frauenkrankheiten diagnostiziert wurden. Das Ergebnis war äußerst beunruhigend: Nur zwei von 500 Frauen waren völlig gesund, die meisten hatten Infektionen und Entzündungen. Da es für die Behandlung unserer Schwestern keine Unterstützung gab, waren viele Frauen verzweifelt. Wir taten, was wir konnten, um zumindest für diejenigen Hilfe zu bekommen, die schwer krank waren. Gleichzeitig suchte ich nach Mitteln, Frauenkurse zum Thema Gesundheit weiterzuführen. Dazu unterschrieben wir ein Abkommen zwischen der FEMCA und dem Zentrum für Andenmedizin (CMA) einerseits, sowie dem Ministerium für Gesundheit und Erziehung andererseits, zu dem Zweck, nicht nur die Frauen in diesem Bereich zu unterrichten, sondern auch die Personen vom Gesundheitsdienst, und diejenigen, die in den Gemeinden unserer Provinz den Leuten Lesen und Schreiben beibrachten. Die Krankenschwestern des Zentrums für Andenmedizin erinnerten uns an den Gebrauch der Heilpflanzen und zeigten uns, wie man damit Medizin zubereitet. Nach mehreren Kursen wussten die meisten Frauen die Rezepte auswendig und wenden sie seitdem bei sich zu Hause an.

Mit Unterstützung anderer Institutionen sowie einiger Bürgermeister führten wir Turniere im Frauenfußball durch. Die jungen Männer unserer Gemeinden organisierten regelmäßig ihre Wettkämpfe, aber für Frauen und Mädchen gab es nichts Vergleichbares. Sie hatten keine Gelegenheit, sich zu vergnügen. Die Wettkämpfe waren gleichzeitig ein Anlass für Versammlungen, so dass wir im Anschluss an die Spiele irgendetwas planten oder eine Gesprächsrunde führten. Sie dienten auch dazu, mittels der Einschreibegebühren Gelder zu sammeln, mit denen wir dann Ausgaben für Veranstaltungen und Versammlungen decken konnten. Den Frauen gefielen die Wettkämpfe sehr, und sie scheuten keine Mühen, um teilnehmen zu können. Es ging auch darum, den Autoritäten und überhaupt dem ganzen Volk zu beweisen, dass wir Frauen dieselben Fähigkeiten haben wie die Männer. Damals hatte ich noch kaum ein spezifisch indigenes Bewusstsein entwickelt. Mein Hauptanliegen bestand darin, den Frauen den Platz zukommen zu lassen, der ihnen zustand; sie sollten mit Respekt und als ebenbürtig behandelt werden. Die Wettkämpfe brachten uns diesem Ziel näher. Sie halfen uns dabei, ein stärkeres Selbstwertgefühl zu entwickeln und mehr Anerkennung zu finden.

Während meiner Zeit in einer Führungsposition in der Gemeinde und in der FEMCA konnte ich viele Erfolge erzielen, aber es gab auch viele Schwierigkeiten.

Wenn es politische Probleme auf staatlicher Ebene gibt, so wirken sich diese auf jede Familie und auf die Basisorganisationen aus. Der *Fujischock* von 1990 zum Beispiel beeinträchtigte uns wirtschaftlich so stark, dass an nichts anderes mehr zu denken war, als ans nackte Überleben. Und der *Selbstputsch* von Fujimori im April 1992 hatte einen Ausnahmezustand zur Folge, bei dem unter dem Vorwand einer terroristischen Gefahr sämtliche öffentliche Versammlungen monatelang verboten wurden.

Anlässlich der letzten Bürgermeisterwahlen im Jahr 1999

standen wir vor der Entscheidung, wen wir nun unterstützen sollten. Da zum ersten Mal ein Kandidat aus unserer Gemeinde Huayllaqocha auf Ebene des Distrikts zur Wahl stand, unterstützten wir ihn, wobei wir die Tatsache außer Acht ließen, dass er sich der Staatspartei angeschlossen hatte. Wir unterstützten seine Person, aber nicht seine Partei. Doch in der Praxis hat sich gezeigt, dass das so nicht geht, und wir wurden wieder einmal enttäuscht. Es hat sich wieder einmal klar abgezeichnet, dass die politischen Maßnahmen der Parteien niemals eine Lösung für uns sein können, selbst dann nicht, wenn die Partei von einem aus unseren eigenen Reihen angeführt wird. Heraus kommen dabei nur Streit und Konflikte in unseren Basisgruppen, die Zwiespalt verursachen und unsere Arbeit hemmen.

Wir müssen uns bilden und unser Bewusstsein schärfen, bis wir zu einer Stufe gelangen, wo wir uns überhaupt nicht mehr für unsere Herkunft schämen, egal wie sehr sie auch versuchen, uns auszugrenzen, oder sich über uns lustig zu machen. Als Indígenas sind wir in Ämtern der Gemeindeverwaltung und schlimmer noch im Parlament all der Geringschätzung ausgesetzt, die die Mehrheitsgesellschaft uns gegenüber besitzt. Und wenn der Funktionsträger sich allein in dieser Situation befindet, ohne die Rückendeckung der Seinen, wird er sich bald verändern, die Kleidung seiner Region ablegen, seine Sprache leugnen, und versuchen, sich so zu verhalten, wie sie es wollen. All das hängt von der Ausbildung ab, die ein Funktionsträger haben kann.

Zu dieser Zeit gab es auch harte Auseinandersetzungen mit den Männern, die im Bauernverband der Provinz Anta (FEPCA) organisiert waren. Sie ließen keine Möglichkeit aus, uns Steine in den Weg zu legen, denn sie konnten nicht begreifen, dass wir keine Spaltung beabsichtigten, sondern ihr rechter Arm sein wollten. Im Grunde genommen wäre es viel besser für uns gewesen, ein eigenes Frauengremium innerhalb des Bauernverbandes zu bilden und in dieser Formierung aktiv an den Vorstandssitzungen teilzunehmen, aber sie wollten uns nicht so viel Raum zugestehen. Es wurde notwendig, einen eigenen Frauenverband zu gründen, damit die Frauen ungehemmt sprechen konnten, denn im Beisein der Männer schwiegen sie immer. Wir wollten uns immer nur koordinieren und hatten nie die Absicht, unsere Sache getrennt zu machen. Aber erst seit die FEMCA existiert, werden die Frauen in ihren Vorstandssitzungen zur Kenntnis genommen. Und es ist nicht aus Einsicht, dass sie unsere Mitwirkung akzeptiert haben, sondern eher um uns zu zeigen, dass die FEMCA eigentlich überflüssig sei. Aber trotz alledem finden wir, dass diese Mitwirkung ein großer Erfolg für uns Frauen ist.

Im Jahr 1992 rief der Bauerndachverband landesweit zu einer Arbeitsniederlegung auf. Alle Bauernverbände machten mit, und unsere FEMCA auch. Es ging darum, keinerlei Agrarprodukte zu den städtischen Märkten gelangen zu lassen, damit die Stadtbewohner und auch die Regierung sich darüber klar würden, wie wichtig die Arbeit der Bauern ist, und dass sie ohne uns gar nicht leben können, weil ihre Märkte leer bleiben. Sie sollten gerechtere Preise für unsere Waren bezahlen und uns gut behandeln.

Bei den Arbeitsniederlegungen gibt es immer einige Händler, die versuchen, doch etwas zu verkaufen. Aber diesmal waren die Frauen sehr stark und entschlossen. Sie nahmen solchen Leuten die Waren weg, das waren vor allem Lebensmittel, und die kamen dann in den Gemeinschaftstopf der Streikenden. Wir halfen auch bei der Absperrung der Landstraßen – Leonarda aus Limatambo und Simeón aus Pucyura verloren dabei ihr Leben, denn die Polizei ging gewaltsam gegen uns vor.

Viele Männer der Gemeinden waren stolz auf die tapfere Mitwirkung der Frauen. Die Leiter der FEPCA gaben persönlich zu, dass die Ziele der Arbeitsniederlegung ohne die Frauen nicht hätten erreicht werden können, dass die Organisation ohne uns unvollständig sei.

Nach Beendigung der ganzen Aktion waren unsere Forderungen nicht eingelöst und die Lage nicht geändert worden. Doch der Arbeitsstop hatte bewirkt, dass die FEMCA in der ganzen Provinz bekannt geworden war. Ich war damals Sekretärin der Organisation und arbeitete gemeinsam mit Felicitas Amachi und anderen Frauen, die ebenfalls Führungspositionen einnahmen.

Am 20. jedes Monats hielten wir eine Versammlung ab, an der alle Vertreterinnen der neun Distrikte teilnahmen. Bevor wir zur Planung der verschiedenen Kurse, Veranstaltungen und Versammlungen in den einzelnen Distrikten übergingen, gab es immer lange Gespräche, bei denen nach Vorschlägen gesucht wurde, wie bestimmte Probleme gelöst werden könnten. Am Anfang hatte ich große Schwierigkeiten, das Wort zu ergreifen und mich auszudrücken, vor allem wenn Männer dabei waren. Ich erinnere mich daran, wie ich vor meiner Bekanntschaft mit Hilda bei den Gemeindeversammlungen schwieg, und die Beschlüsse der Männer akzeptierte, weil ich mich nicht traute, meine Meinung abzugeben oder zu sagen, dass ich nicht einverstanden war. Für viele Frauen war es überhaupt schwierig, zu den Versammlungen zu kommen, denn es gab noch viele Väter, Brüder oder Ehemänner, die die Frauen gar nicht aus dem Haus gehen lassen wollten. Sie dachten, dass sie da nur zum Tratschen hingehen würden, oder um sich die Männer anzugucken und ihre Zeit zu vergeuden. Sie ließen es erst recht nicht zu, dass die Frauen zu größeren Veranstaltungen außerhalb der Gemeinde gingen. Viele Männer merken gar nicht, was für Fähigkeiten ihre Töchter oder Ehefrauen besitzen und wollen sie auf den häuslichen Bereich beschränken. Dabei wird aber eine große Chance vertan, für den Fortschritt der Gemeinde zu arbeiten.

Diese Problematik bestand auch in Bezug auf die Arbeit unseres Vorstands, denn jede Funktion braucht Engagement. Die Familien sind wirtschaftlich sehr schlecht gestellt, wir hatten kein Geld zum Herumfahren und nicht einmal zum Essen. Insofern bedeutete die Arbeit in der Organisation tatsächlich Zeit investieren, Geld ausgeben und die Familie verlassen. In diesem Sinne hatten die Ehemänner teilweise recht, wenn sie sich bei den Anführerinnen beschwerten.

Ich finde, dass die Arbeit, die ein Amtsträger oder eine Amtsträgerin in leitenden Stellungen für die Gemeinde leistet, entschädigt werden sollte. Das heißt, wenn er oder sie wegen seiner Aufgaben seine eigenen Felder nicht bestellen kann, müsste die Gemeinschaft ihm oder ihr zur Hand gehen und bei der Feldarbeit helfen, damit die Familie keinen Schaden erleidet. Auf diese Weise könnte die Gemeinschaft gleichzeitig überprüfen, welche Funktionsträger wirklich für das Wohl aller arbeiten.

Die Mehrheit der Anführerinnen der FEMCA konnten ihre Aufgaben nicht erfüllen, weil sie von ihren Familien und Gemeinden nicht unterstützt wurden. Und die Gemeinde sieht nicht ein, warum sie ihnen helfen sollte, denn es wird gesagt, dass die Anführerinnen ja sowieso nichts tun und ihrer Funktion nicht gerecht werden. Man glaubt außerdem, dass wir Geld verdienen würden. Wenige können sich vorstellen, dass jemand das nur aus Idealismus macht, weil er Verbesserungen für alle erzielen möchte. Dieser Teufelskreis muss durchbrochen werden, um vorankommen zu können.

All das, was ich eben erklärt habe, schwächte unsere Bewegung und bewirkte eine gewisse Abhängigkeit von unseren Beratern. Und die politischen Parteien und Nichtregierungsorganisationen versuchten dann auch ständig, uns zu manipulieren.

Ich vertraute eine Zeit lang der Vereinten Linken (Izquierda Unida, IU), denn ich dachte, diese würde etwas gegen die Ausbeutung und die Demütigungen unternehmen, unter denen wir auf dem Land zu leiden haben. Ich nahm an den Tagungen der IU auf Ebene des Distrikts und der Provinz teil.

Während dieser Jahre widmete ich mich gemeinsam mit einem Mann aus meiner Gemeinde verschiedenen Angelegenheiten der Organisation. Er war der erste Mann, den ich kannte, der mich respektierte. Er behandelte mich wie eine Gefährtin, wie eine Schwester. Wir haben zusammen Probleme der Organisation diskutiert und Aktivitäten geplant. Er wollte, dass ich ihn überall hin begleite. Ohne mich könne die Arbeit nur halb gemacht werden, sagte er.

Man lud uns zusammen zum Parteitag nach Lima ein (1988). Da merkte ich, dass die Vereinte Linke alles andere als vereint war, dass es in ihrem Inneren sieben verschiedene Parteien gab, wobei jede von ihnen Propaganda machen und die Bauernführer auf ihre Seite ziehen wollte, jede wollte der Kopf der Bewegung sein. Man fragte mich: „Von welcher Partei bist du?", und ich sagte: „Von der Vereinten Linken". Und ich verstand nicht, warum sie sich so aufführten. Diese Haltung führte schließlich zur Auflösung der Vereinten Linken, denn sie praktizierten die Gleichheit nicht, von der sie in der Theorie sprachen. Und viele ihrer Spitzen lebten in den besten Wohngegenden und beuteten ihre Angestellten aus, während sie behaupteten, für die Armen zu kämpfen.

Die Parteien nahmen dieselbe Haltung ein wie die Nichtregierungsorganisationen: Sie wollten die Anführer unserer Organisation manipulieren und uns vorschreiben, was wir in den Versammlungen zu sagen hätten. Wenn ich mich zum Beispiel nicht darum kümmerte und sagte, was ich wirklich empfand, stellten sie mich zur Rede und versuchten, Streitereien zu provozieren.

Trotz der vielen Widersprüche und Enttäuschungen unterstützten wir weiterhin die Vereinte Linke, denn zu jener Zeit sahen wir keine Alternative. Wenn es bei irgendeiner Wahl des Distrikts oder der Provinz einen Kandidaten der Vereinten Linken gab, dachten wir, dass dieser sicher das Volk und die Bauern unterstützen würde. Aber die Wahrheit ist, dass sie uns auch nur benutzten.

Bei den Tagungen der Bauernverbände konnte man zum Beispiel immer meinen, alles würde demokratisch vor sich gehen. Aber im Hintergrund zogen die Parteien und die Nichtregierungsorganisationen die Fäden. Sie und nicht die Basisgruppen entschieden darüber, wer in die jeweiligen Vorstände gewählt wurde, indem sie Diskussionen und Streitereien provozierten.

Im Falle der FEMCA gab es reichlich Probleme mit der Nichtregierungsorganisation, die uns beriet. Diese war einer der Parteien der Vereinten Linken angeschlossen. Sicher, in ihrem Programm stand die Arbeit für die Bauern und speziell für die Frauen; standen Bildungsmaßnahmen, die dazu führen sollten, ein Bewusstsein unserer Identität zu entwickeln; stand die Schaffung von Freiräumen, in denen wir unsere Gefühle und Gedanken ausdrücken könnten; stand eine Verbesserung unserer Lebensbedingungen, sowie dass wir eine starke und allgemein respektierte Frauenbewegung bilden sollten. Doch ob und in welcher Form diese Ziele umgesetzt werden, das hängt sehr stark vom jeweiligen Personal ab, das in der Nichtregierungsorganisation tätig ist.

Solange wir sie zu allem befragten, solange wir uns ihrer Organisationsform anpaßten und solange alle Kontakte und Unterstützungen über ihr Büro liefen, war unser Verhältnis gut. Mit ihrer Hilfe konnten wir Kurse nehmen und die Alphabetisierungs- und Gesundheitskampagnen durchführen, die ich bereits beschrieben habe.

Aber wenn ein Kind erst einmal laufen gelernt hat, will es nicht mehr ständig an der Hand seiner Mutter gehen. Es kann sich dann schon selbständig bewegen. Und es wird auch nicht immer nur dort herumlaufen, wo seine Mutter es hingeführt hat. Es muss eigene Wege entdecken, auf denen es lernt, selbständig zu leben, etwas Eigenes zu schaffen. Eine Anführerin mit einem gewissen Ausbildungsniveau ist eben auch dazu fähig, selbst Kontakte zu knüpfen und unabhängige Wege zu suchen. Man sollte annehmen, dass eben hierin der Zweck der Bildungsmaßnahmen liegt.

Aber in unserem Fall war das nicht so. Die Probleme begannen, als wir eigene Kontakte knüpften – darin lag keine Geringschätzung ihrer Arbeit, sondern es hatte sich angeboten und war vorteilhaft für unsere Organisation. Zum Beispiel vermittelte uns Frau Dr. Giulia Tamayo eine Unterstützung zum Kauf von Matratzen, damit wir bei mehrtägigen Veranstaltungen nicht mehr auf dem blanken Boden schlafen mussten. Mir will nicht einleuchten, warum so harmlose Dinge sie dermaßen verärgerten.

Neben vielen anderen Dingen behaupteten sie auch hartnäckig, dass ich Kontakte suche, um Dollars für mich selbst zu bekommen. Dabei wussten sie, dass das absolut nicht stimmte, aber sie wussten auch, dass dies eine gute Taktik war, um

Misstrauen in den Gemeinden auszulösen. Und sie griffen ohne jede Scham auf dieses Mittel zurück. Wenn das wahr gewesen wäre, was sie sagten, wäre dann mein behinderter Körper bis heute ohne Behandlung geblieben? Wenn ich in all dieser Zeit überleben und sogar einige persönliche Dinge voranbringen konnte, so war das dank der Zuneigung von Freunden und einigen jungen Verwandten, die mir zu jeder Zeit beistanden.

Bei der IV. Weltfrauenkonferenz in China lernte ich Gaby Franger kennen, die meine Arbeit würdigte und Vertrauen in mich setzte. Sie verschaffte mir eine finanzielle Hilfe des Weltgebetstages in Deutschland, die dazu dienen sollte, Kurse zum Thema Gesundheit, traditionelle Heilmethoden und Führungsqualitäten für die Frauen der Gemeinden von Anta durchzuführen. Ich sah das als eine günstige Gelegenheit an, unsere Organisation unabhängiger werden zu lassen und damit zu beweisen, dass wir Indígena-Frauen unsere eigenen Projekte durchführen können. Da ich aus den Gründen, die ich bereits erklärt habe, als Vorsitzende der FEMCA ziemlich isoliert war, stand ich vor einer schwierigen Entscheidung: Die eine Möglichkeit war, die Unterstützung abzuweisen, da die Bedingungen zu deren Annahme nicht günstig waren, denn ich wollte auf keinen Fall, dass das Geld in die Hände der Beraterinnen der Nichtregierungsorganisation gelänge. Und wenn ich den Compañeras etwas von dem Geld gesagt hätte, hätte das einen großen Streit verursacht. Die andere Möglichkeit war, das Geld anzunehmen, das Projekt durchzuführen und persönlich alle Verantwortung zu übernehmen, ohne jemandem etwas von der Unterstützung zu sagen. Nachdem ich lange darüber nachgedacht hatte, entschied ich mich für die zweite Variante, denn in ihr lag die einzige Chance, die Krise zu überwinden, in der wir uns befanden. Ich fand Unterstützung von Beraterinnen wie Libia Pinares, deren Hilfe echt war und nicht an Bedingungen geknüpft, und konnte auf diese Weise das Projekt so erfolgreich anlaufen lassen, dass bald schon die zweite Phase der finanziellen Unterstützung genehmigt werden sollte. Diese Angelegenheit wollte ich zusammen mit den Berichten und Erfahrungen aus der ersten Phase meiner Nachfolgerin übertragen, damit diese von Anfang an gute Arbeitsbedingungen als Leiterin der Organisation habe. Aber unsere Beraterinnen bekamen Wind von der Sache und setzten sich – ohne mit mir gesprochen zu haben – sofort mit der finanzierenden Institution in Verbindung, um mich zu diffamieren. Danach zündeten sie auch Feuer in meinen Basisgruppen. Was die Geldgeber betrifft, so war es relativ einfach, Klarheit zu schaffen, wir hatten ja alle unsere Berichte und Belege auf aktuellem Stand. Sie antworteten mir mit einem sehr freundlich abgefassten Schreiben, in dem sie sich dafür entschuldigten, dass sie trotz allem gezwungen seien, uns die zweite Unterstützung zu entziehen, solange wir nicht unsere internen Probleme in der FEMCA gelöst hätten. Wenn ich über all das nachdenke, muss ich zugeben, dass es gewissermaßen ein Fehler von mir war, alle meine Hoffnungen auf die FEMCA zu setzen, und nicht zu merken, dass es so gut wie unmöglich war, aus unserer Abhängigkeit herauszukommen. Ich hätte besser eine neue Organisation gründen sollen, um diese Unterstützung zu erhalten, die ja eigentlich in Anerkennung für meine Person und nicht wegen der FEMCA vergeben worden war. Ich selbst hatte den Namen der FEMCA da eingetragen, weil ich mich dieser voll und ganz widmen wollte. All das war für die beratende Nichtregierungsorganisation ein gefundenes Fressen, um zu sagen: „Seht ihr nicht, dass Hilaria Tausende an Dollars für sich einheimst?"

Es tat mir wirklich weh, wie einige Vertreterinnen derselben Nichtregierungsorganisation, die mir früher geholfen hatten, als Führungskraft hochzukommen, nun aus persönlichem Neid versuchten, mich zu stürzen und mich zum Schweigen zu bringen. Sie scheuten weder Zeit-, Geld- noch Wortaufwand, um mich in aller Öffentlichkeit schlechtzumachen, sei es in Versammlungen, über das Radio, oder indem sie meine Mitstreiterinnen benutzten oder selbst in die Gemeinden gingen.

Es ist normal, dass man, wenn man aktiv ist, nicht nur Helfer und Freunde hat, sondern auch Gegner. Manchmal ist es sehr schwierig zu verzeihen, aber auch, etwas anzuerkennen. Es gehört zum Prozess der Reifung, dass man lernt, mit den Erfahrungen zu leben, ohne verärgert oder nachtragend zu sein.

Eine Zeit lang schien es so, dass sie ihr Ziel, mich zum Schweigen zu bringen und mich und meine Schwestern auseinanderzubringen, erreichen würden. Viele Frauen in den Gemeinden glaubten die Anschuldigungen. Andere blieben im Zweifel und wieder andere hielten fest zu mir, weil sie bei den Arbeiten mitgemacht hatten, die wir mit der erhaltenen Unterstützung durchführen konnten, sowie bei anderen Arbeiten, für die wir gar keine Hilfe bekamen. Die letzteren wurden auch angefeindet und sogar vielfach bedroht, weil sie mit mir zusammen gearbeitet hatten. Die standhaften und tapferen Frauen ließen sich nicht dazu überreden, Dokumente gegen mich zu unterschreiben und sagten auch im Radio nicht das, wozu die Beraterinnen sie zwingen wollten. Dank ihrer Hilfe hatte ich die Kraft weiterzumachen.

Im Jahr 1998 war es an der Zeit, mein Amt als Generalsekretärin abzugeben. Es gab durchaus einige Frauen, die aufrichtig und hinreichend ausgebildet waren, um meine Arbeit weiterzuführen. Aber die Leute von der Nichtregierungsorganisation beförderten eine Frau ins Amt, die bereits für ihre unsaubere Handhabung der Dinge bekannt war. Das hatte zur Folge, dass die Organisation der FEMCA jetzt praktisch ausgelöscht ist, es gibt keine Versammlungen mehr und auch keine Aktivitäten.

Ich fühlte mich in all meiner Arbeit gescheitert. Ich bereute sogar, so sehr gekämpft zu haben. Doch jetzt ist mir klar geworden, dass die FEMCA nur der Name war, der für eine innere Entwicklung stand, die die Frauen mit meiner geistigen und praktischen Unterstützung durchlaufen hatten. Wenn sie auch die FEMCA auslöschen konnten, so ist es ihnen doch unmöglich, die Veränderungen rückgängig zu machen, die in den Frauen und den Gemeinden stattgefunden haben. Trotz all der Enttäuschung, die ich fühlte, konnte ich doch nach und nach sehen, wie die Samen aufgingen, die ich gesät hatte. Da merkte ich, dass das alles nicht umsonst war. Die Zeit mit der FEMCA war ein wichtiger Schritt auf meinem persönlichen Weg gewesen, und auch auf unserem Weg als Bäuerinnen von Anta. Aber es verhält sich nicht so, wie ich zu einer Zeit meines Lebens glaubte. Mein Horizont ist jetzt sehr viel breiter. Unsere Bewegung wird von nun an die von Indígenas sein, von Männern und Frauen, egal, ob sie Bauern, Weber oder Angestellte sind, oder irgendeiner anderen Beschäftigung oder einem anderen Beruf nachgehen. Auch Nicht-Indígenas werden in unserer Bewegung sein, eben Menschen, die sich mit uns identifizieren. Wir Frauen vom Land werden da natürlich einen sehr wichtigen Platz einnehmen.

Es war sehr schwer für mich, all die Anschuldigungen und Beleidigungen schweigend über mich ergehen zu lassen, die diejenigen Schwestern mir und allen, die mich unterstützt hatten, an den Kopf warfen, weil sie die Lügen glaubten. Aber in keinem Moment verlor ich die feste Überzeugung, dass der Moment kommen würde, die Wahrheit ans Licht zu bringen.

Ich antwortete kaum mit Worten, sondern ergriff die Gelegenheit, Tatsachen auf den Tisch zu legen. Wiederum half uns Frau Dr. Giulia Tamayo, indem sie behördliche Formalitäten einleitete, die dazu führten, dass wir – als Antwort auf unsere Nachforschungen bezüglich der Zwangssterilisierungen[7] – eine Unterstützung für Ausbildungsmaßnahmen zugestanden bekamen. Dies ermöglichte es mir, in einige Gemeinden zurückzukehren, und zwar zusammen mit der Krankenschwester Libia Pinares und der Journalistin María Esther Mogollón, die den zwangssterilisierten und auch anderen Frauen halfen, mehr über dieses Thema zu erfahren. Sie bereiteten auch an-

---

[7] Hilaria kommt im Kapitel „Die Sterilisierungskampagnen des Gesundheitsministeriums" ausführlich darauf zu sprechen. Zwischen 1995 und 2000 wurden laut dem Bericht des Gesundheitsministeriums 330.000 Frauen und 25.000 Männer ahnungslose Opfer der Zwangsmaßnahme der Regierung Fujimori. Die illegalen Praktiken, Eingriffe ohne vorheriges Einverständnis, postoperative Komplikationen und deren mangelhafte Versorgung, fehlende Hygiene und Todesfälle als Folge wurden hinreichend dokumentiert. Allerdings konnte Fujimori nicht mehr belangt werden, da er sich zum Zeitpunkt der Untersuchung bereits nach Japan abgesetzt hatte. Vergleiche auch Françoise Barthélémy, „Gut verkauft, schlecht gemeint" in *Le Monde Diplomatique* vom 15.4.2004 (Anm. d. Lektorin).

dere Schwestern darauf vor, sich im Falle neuer Übergriffe des Gesundheitsministeriums zu verteidigen. Das Projekt nannte sich „Förderung der Rechte im Bereich der geschlechtlichen und reproduktiven Gesundheit" und es wurde vom *Movimiento Amplio de Mujeres* (Breite Bewegung der Frauen = MAM) in Lima durchgeführt.

Die Frauen freuten sich sehr über die Kurse und nahmen auch die Gelegenheit wahr, mit mir über die Probleme bezüglich der FEMCA zu sprechen, und alle Zweifel auszudrücken, die man über meine Person in die Welt gesetzt hatte. Sie gaben mir einen starken Rückhalt, eine Anerkennung all der Arbeit, und viel Kraft, weiterzuwachsen, trotz allem und gegen all die falschen Zungen.

Ich erzähle das alles, weil aus dieser Erfahrung viel zu lernen ist. Die Gemeinden können lernen, dass sie sehr vorsichtig damit sein müssen, üble Nachreden über einen ihrer Anführer zu glauben, ohne vorher nachgeforscht zu haben, ob die Anschuldigungen stimmen oder nicht. Anführer, die sich in einer Situation befinden, die der ähnelt, die ich erlebt habe, können lernen, trotzdem weiterzumachen, denn die Ehrlichkeit, das saubere Gewissen und ihr Einsatz in der Praxis müssen am Ende die Oberhand gewinnen. Schließlich können auch die Nichtregierungsorganisationen, die in den Gemeinden tätig sind, eine Lehre daraus ziehen, nämlich dass sie keine dominante Haltung einnehmen dürfen, so wie es mit unseren Beratern passierte, die trotz einer achtjährigen intensiven Arbeit mit unserer Organisation verhinderten, dass wir gemeinsam mit allen Basisgruppen einen eigenen und unabhängigen Weg finden könnten.

Wir Indígenas müssen für uns selbst sprechen, wir dürfen nicht darauf warten, dass irgendwer sonst das Wort für uns führt, und erst recht nicht gedankenlos das wiederholen, was andere uns vorsagen. Das ist der einzig richtige Weg zur Befreiung, das müssen wir unseren Töchtern und Söhnen mit auf den Weg geben.

Viele Jahre lang haben sie uns benutzt, haben sie unserer Analphabetentum und unsere Organisationen ausgenutzt, um ihre eigenen Zwecke zu erreichen. Es ist an der Zeit, selbst zu bestimmen, was wir brauchen und was wir wollen.

Zu jenen Zeiten waren alle Organisationen politisiert, selbst die, die nicht an eine bestimmte Partei gebunden waren. Alles war Kampf. Doch Kampf für was? Für bessere Lebensbedingungen, für mehr Gerechtigkeit, für mehr Gleichheit. Diesem Kampf fehlte jedoch eine Grundlage, er war ein bisschen oberflächlich und ging nicht von den Bedürfnissen unserer Kultur aus. Wie wir uns verausgabten, zum Beispiel bei der Arbeitsniederlegung der Bauern von 1992! Als Antwort bekamen wir von der Regierung eine Anleihe an Düngemitteln. Dafür hatten wir so hart gekämpft und sogar Leben verloren? Das war es, was wir wollten? Es war nichts als Betrug!

Die Grundlage der Bewegung muss unsere indigene Kultur sein. Wir haben es überhaupt nicht nötig, fremden Lehren zu folgen, so wie die Parteien es machen, oder aber diejenigen, die uns von der „Revolution" überzeugen wollten. Wir haben uns angewöhnt, uns mit „Compañero" oder „Compañera" anzusprechen, und wenn wir die Wörter „Bruder" und „Schwester" hören, denken wir automatisch an die Religionen, die diese Ausdrücke für sich vereinnahmt haben. Auf *Runasimi* gibt es die Wörter „Compañero" oder „Freund" überhaupt nicht, es existieren nur *ñañay, turay, panay, wayq'ey*, die soviel wie Bruder und Schwester bedeuten. Es wird Zeit, uns wieder als Schwestern und Brüder anzusprechen, ohne dabei an die Religionen zu denken.

Wir müssen gut über die Wahl unserer Worte nachdenken, denn sie sagen viel über die Mentalität der Personen. In den Städten bezeichnet man unsere Kleidung üblicherweise als „Tracht", unsere Sprache nennen sie „Dialekt", unsere Kunst „Kunsthandwerk", unsere Musik „Folklore" und unsere Zeremonien „Zauberei". Darin drückt sich eine ständige Verachtung für unsere Kultur aus. Wir müssen uns darüber bewusst sein, welche Wörter wir verwenden und nicht diese Art zu reden übernehmen.

Ich muss ehrlich zugeben, dass es für mich auch schwierig war, all das zu merken, und mich von jenem Kampf ohne

Zukunftsaussichten abzuwenden. Ich muss auch klarstellen, dass es bei uns in den Gemeinden und in unseren Bauernorganisationen keinerlei indigenes Bewusstsein gab. Ich bin durch die Reisen und Veranstaltungen, an denen ich teilnahm, dazu gekommen, mich als Indígena zu identifizieren. Vor allem weil ich da indigene Schwestern aus anderen Nationen sah, die mit großer Würde und Sicherheit auftraten. Ich versuchte, dieses Gefühl an meine Gemeinden weiterzugeben, aber das ist ziemlich schwierig. Die meisten Bauern wollen keine Indígenas sein, sie wollen „modern" sein.

Dabei muss gar kein Widerspruch darin liegen, Indígena und modern zu sein. Modern sein bedeutet, in der gegenwärtigen Zeit, in der jetzigen Realität zu leben, und sich all der Vorzüge zu bedienen, die sie uns bietet, wie zum Beispiel Radio oder Computer. Aber es bedeutet auch, unterscheiden zu können, bis zu welchem Punkt unsere Gemeinden echten Nutzen daraus ziehen können, und wo die Moderne anfängt, uns zu schaden. Das Fernsehen zum Beispiel könnte eine Informationsquelle für uns sein, aber so wie die Sendungen heute sind, ist es eher schädlich als nützlich, vor allem für die Kinder.

Ich habe Indígenas von anderswo kennen gelernt, die Filmkameras und Computer bedienen können, manche sind sogar Akademiker. Sie stehen fest in ihrer indigenen Kultur und schaffen es, in ihren Ländern respektiert zu werden. Doch da bei uns in Peru die meisten Indígenas Analphabeten sind und in jeder Hinsicht an den Rand gedrängt werden, denken viele Leute bei einem Indígena nur an einen armen Schlucker. Und von den wenigen Indígenas, die die Möglichkeit haben, etwas zu lernen oder zu studieren, das der ganzen Gemeinschaft dienen könnte, vergessen die meisten ihre Kultur und wollen nichts mehr davon wissen. Sie kleiden sich dann wie die Leute aus der Stadt und sprechen kein Quechua mehr. Deshalb müssen wir den Kindern über die Erziehung eine starke Grundlage vermitteln. Sie müssen sehr sicher sein, nicht nur um die „moderne Welt" verstehen und zu ihren Gunsten nutzen zu können, sondern auch um ihr die Stirn zu bieten und es eines Tages zu schaffen, dass man uns den Respekt entgegenbringt, den wir verdienen.

Als Vertreterin der Indígena-Frauen

*Die VI. Regionalkonferenz der Frauen Lateinamerikas
und der Karibik in Argentinien
Die IV. Weltfrauenkonferenz in China*

Die Nichtregierungsorganisationen veranstalteten Zusammenkünfte, bei denen über die Situation der Frau auf dem Land gesprochen wurde. So gab es zum Beispiel im Juli 1994 in Lima eine Veranstaltung, wo verschiedene Problembereiche des Landes thematisiert wurden. Mein Beitrag ging über Gesundheit und über die Erfahrungen in meiner Organisation.

Eine Frauenvereinigung aus Lima mit Namen FLORA TRISTÁN fand, dass meine Ausführungen der Realität entsprachen, und lud mich ein, im September 1994 bei der VI Regionalkonferenz der Frauen Lateinamerikas und der Karibik in Mar de Plata, Argentinien, einen Vortrag zu halten.

Bei dieser Konferenz beeindruckten mich vor allem die Schwestern aus Ecuador und auch die Bolivianerinnen. Ich merkte, dass sie viel besser organisiert waren als wir. Verglichen mit ihnen sind wir noch wie kleine Mädchen, die gerade mal mit dem Laufen angefangen haben, noch ganz vorsichtig und ängstlich. Aber diese Indígena-Frauen können lesen und schreiben und haben eine viel bessere Ausbildung als wir. Sie schämen sich nicht für ihre indigene Identität, vielmehr sorgen sie dafür, dass ihre Rechte in ihrem Land respektiert werden. Und ich hatte den Eindruck, dass nicht nur die Anführerin der Organisation so war, sondern dass selbst die Frauen der Basisgruppen ein anderes Bewusstsein hatten.

Sie brachten mir bei, mich gegen die Journalisten durchzusetzen. Denn die erniedrigen uns, vielleicht ohne sich dessen bewusst zu sein, indem sie uns wie seltsame Wesen behandeln, weil wir anders gekleidet sind und anders sprechen. Sie zerren uns herum, um Photos zu machen, und schauen auf das Aussehen, statt uns Gelegenheit zu geben, unsere Meinung zum Ausdruck zu bringen.

Anscheinend ist die Situation in Peru sehr viel komplizierter. Hier in Peru setzen sie eine Frau als Stadträtin ein, oder sie kommt ins Parlament oder auf sonst einen politischen Posten, aber das ist nur schöner Schein. Und von der indigenen Frau ganz zu schweigen. Das System verhindert das Hochkommen einer echten indigenen Anführerin. In anderen Ländern haben die indigenen Frauen mehr Entscheidungsbefugnis und sie können in ihren Ämtern als sie selbst auftreten.

Ich war als letzte dran mit meinem Vortrag. Ich hatte keine Dokumente, wie sie die Frauen der anderen Länder vorbereitet hatten, mit Statistiken und vielen Fakten. Zu diesem Zeitpunkt konnte ich noch kaum lesen und praktisch nicht schreiben. Ich nahm alle meine Kräfte zusammen und bat die *Pachamama*, mir beizustehen. Ich hatte nur ständig unsere Lage als Indígena-Frauen in Peru vor Augen, und erzählte einfach, wie die Realität in meiner Provinz aussah und welche Erfahrungen ich mit der Organisation gemacht hatte. Als die Veranstalter das hörten, luden sie mich für September 1995 zur IV. Weltfrauenkonferenz nach Peking in China ein.

Ich hatte keine Ahnung, wo Peking lag und glaubte erst, dass ich wirklich reisen würde, als ich mein Ticket in der Hand hielt. Ich freute mich sehr, denn ich würde ja praktisch das Wort für alle Indígena-Frauen Perus führen.

Zusammen mit den Schwestern der verschiedenen lateinamerikanischen Länder diskutierten wir über das Dokument, das in Argentinien zur Lage der Indígenas erstellt worden war, und arbeiteten ein neues für Peking aus. Dieser Text wurde später in den Abschlussbericht der Vereinten Nationen mit aufgenommen.

Alle Dokumente und Abkommen, die infolge von solchen großen Veranstaltungen entstehen, sollten auch in die Praxis umgesetzt werden. Alberto Fujimori, der frühere Präsident Perus, ist zum Beispiel extra nach Peking geflogen, um mit den peruanischen Frauen zu sprechen. Man wollte mich erst nicht sprechen lassen, aber schließlich konnte ich doch mit ihm reden, denn da ich die einzige Vertreterin der Indígena-Frauen und Frauen vom Land war, sorgte der Botschafter höchstpersönlich dafür, dass ich zu Wort kam. Dann sagte der Präsident vor aller Welt, dass seine Regierung die Indígena-Frauen unterstützen werde. Aber was passierte wirklich? Seine Versprechen waren zweischneidig. Es schien, dass er vielleicht helfen würde, doch er tat es so, wie es der Regierung am besten in den Kram passte. Seine Sterilisierungskampagnen zum Beispiel waren, wie er sagte, sicher eine Unterstützung für die Indígena-Frauen, denn auf diese Weise würden sie von der Kindererziehung entlastet.

Während meines Aufenthalts in Peking lud mich eine der Peruanerinnen ein, sie zum deutschen Zelt zu begleiten, denn sie sollte dort singen und Peru vertreten. Sie zog sich unsere traditionellen Gewänder an, so als ob es eine Verkleidung sei, und sang „El Condor Pasa". Ich fühlte mich unwohl dabei, denn sie lebt nicht auf dem Land, und nicht einmal in Peru. Sie lebt in den Vereinigten Staaten. Sie trug unsere Kleidung, um den Anschein zu erwecken, dass sie eine Indígena-Frau sei, was überhaupt nicht stimmte. Und dazu sang sie kommerzielle Musik, die nicht wirklich von uns ist, obwohl es doch so viele wunderschöne Quechua-Lieder gibt. Da wurde mir bewusst, dass es dort sicher noch viele Vertreterinnen von anderen Ländern gab, die lediglich verkleidet waren und nicht wirklich die Kulturen dieser Länder repräsentierten.

Für uns Frauen vom Land ist es kaum möglich, so eine Reise zu machen, denn der Aufwand ist zu groß. Wenn wir wegfahren, können wir uns in der Zeit nicht um die Felder, die Tiere und die Familie kümmern und müssen unser ohnehin spärliches Geld ausgeben. Alles ist sehr umständlich: Es dauert, bis die Briefe in die Gemeinde gelangen, dann muss ich jemanden finden, der mir den Brief vorliest, dann brauche ich Hilfe, um den Brief zu beantworten, dann muss ich nach Cuzco reisen, um die Antwort mit der Post zu versenden, all das braucht einiges an Zeit und Geld. Das ist einer der Gründe, warum viele Mitglieder unserer Vereinigung nicht reisen können. Sicher verfügen sie über all die wertvollen Erfahrungen, aber das persönliche Opfer ist sehr groß.

Viele Schwestern und Brüder meiner Basisgruppen waren stolz darauf, dass ich sie bei so einer großen Veranstaltung als Quechua-Sprecherin repräsentieren würde. Es gab sogar einige Lehrer, die mit ihren Schülern über die Lage der Frauen und über die Konferenzen in Argentinien und China sprachen.

Nach den Reisen tat es mir sehr leid, dass ich nicht genug Geld hatte, in alle Dorfgemeinden zu fahren, um dort meine Erfahrungen mit den Leuten zu teilen. Ich konnte nur in einigen Orten und bei kleinen Versammlungen sprechen. Bis dann im Rahmen der Kurse über Gesundheit wieder ein Treffen mit meinen Schwestern möglich war. Sie waren sehr interessiert daran, zu erfahren, wie es den Indígenas in anderen Ländern ging und wie sie sich organisierten. So zum Beispiel, dass die Indígena-Frauen anderswo ihre Ausbildung selbst in die Hand nehmen, bzw. dass sich die Leute in den Gemeinden dabei gegenseitig unterstützen, und dass die Frauen ihre Projekte selbst verwalten. Was auch an China beeindruckte, war der Sitz der Frauenvereinigung. Wir können nur davon träumen, ein eigenes Gebäude zu haben, mit Räumen für Versammlungen, für Übernachtungen, zum Kochen und zum Verkaufen der eigenen Produkte.

Natürlich gab es auch einige Neider, die trotz all der Mühen, die ich auf mich genommen hatte, behaupteten, ich wäre da nur spazieren gefahren. Sie setzten Gerüchte in Umlauf, und weckten auf diese Weise Misstrauen in meinen Basisgruppen. Einmal nahm ich ein paar *Lliqllitas*, kleine Tücher, die die Frauen verschiedener Gemeinden gewebt hatten, und ging zu anderen Organisationen, um diese dort zu verschenken. Die Leute da behaupteten dann, dass ich die *Lliqllitas* verkauft hätte, und bei der Rückkehr zu meinen Basisgruppen verlangten diese von mir die Auflistung der Einnahmen und wollten alles in Dollar. Das hat mir sehr weh getan, denn ich wurde da für etwas angeklagt, wozu ich selbst in Gedanken nicht fähig gewesen wäre.

Nach meiner Rückkehr aus China hatte ich noch mit einem anderen schlimmen Problem zu kämpfen: Unsere Organisation, die FEMCA, hatte nämlich damals zwei Plätze für die Teilnahme an der Konferenz erhalten. Einer war für mich, und wer den anderen bekam, wusste ich nicht. Erst als ich schon in China war, merkte ich, dass mit dem anderen Teilnahmeschein die Mitarbeiterin einer Nichtregierungsorganisation gereist war, die sich aber als Mitglied der FEMCA ausgewiesen hatte. Es kam zu einem heftigen Streit zwischen uns, denn ich hatte von alledem nichts gewusst, und war erst in China vor vollendete Tatsachen gestellt worden. Ich wollte nicht akzeptieren, dass sie als Vertreterin der FEMCA vorsprach. Die indigenen Repräsentantinnen anderer Länder warfen mir vor, das zugelassen zu haben und griffen mich hart an deswegen. Ich musste eigens in einer Versammlung klarstellen, dass ich davon nichts gewusst und dass man unsere Organisation missbraucht hatte. Bei meiner Rückkehr wurde ich dann auch noch von den Basisgruppen kritisiert, die dachten, dass ich lieber mit einer aus Cuzco weggefahren sei, statt eine unserer Schwestern mitzunehmen. Auf diese Weise verschwenden wir unsere Kräfte, weil wir nicht vereint und unabhängig sind.

Es gibt einige Dinge, die bei solch einer Veranstaltung wie der in China noch verbessert werden könnten. Zum Beispiel die Kommunikation. Es war problematisch, dass die meisten Treffen auf Englisch abgehalten wurden, und die Dokumente sind auch auf Englisch. Es wäre besser gewesen, Übersetzer für die verschiedenen Sprachen zu haben.

Was mir auch nicht gefiel, war, dass von den Rechten der Frau hauptsächlich in feministischem Sinn gesprochen wurde. Es ging nur um die Frauen aus der Oberschicht. Über die indigene Frau wurde so gut wie nichts gesagt. Für jedes Land gab es genügend Raum, um einen Vortrag zu halten, nur wir mussten ewig herumdiskutieren, um Zeit für unsere Ausführungen zur Lage der indigenen Frau zu bekommen – doch man gab uns keine. Schließlich trat uns das Land Guatemala fünf Minuten von seiner Zeit ab, und eine guatemaltekische

Schwester, die wir zusammen aussuchten, las eine Zusammenfassung unseres Dokuments über die Indígena-Frauen. Eine einzige indigene Vertreterin von ganz Lateinamerika! Und das in fünf Minuten! Was kann man in fünf Minuten über die Lage der Indígenas auf der Welt sagen?

Wie dem auch sei, ich denke, dass die Konferenz den Teilnehmerinnen trotzdem Kraft gegeben hat, und auch die Möglichkeit, Erfahrungen auszutauschen und Kontakte zu knüpfen. Trotz aller kulturellen Unterschiede haben wir alle auch einige Gefühle und Probleme gemeinsam, einfach weil wir Frauen sind. Wir hoffen auch alle darauf, von den Regierungen angehört und verstanden zu werden, und dass diese etwas für uns tun.

Da wir aber nicht wissen, ob das auch passieren wird, können und müssen wir in der Zwischenzeit selbst die Initiative ergreifen, um in allen Bereichen unseres Lebens Verbesserungen zu erzielen. Dafür müssen wir natürlich erst einmal darüber nachdenken, wie die gegenwärtige Lage überhaupt ist, wie sie zu den Zeiten unserer Großeltern war, oder noch davor, zu Zeiten der Inkas, oder sogar noch früher.

Dritter Teil

Wie wir die Welt sehen

Unsere Vorstellung vom Universum
Das Ayni oder vom Geben und Nehmen
Die Suche nach dem Gleichgewicht
Die Feste zu Ehren der örtlichen Schutzheiligen
Religiöse Sekten in unseren Gemeinden
Erfahrungen mit überlieferten Zeremonien
  anderer indianischer Völker

Um den riesigen Unterschied zu erkennen, der zwischen unserer und der westlichen Vorstellung vom Universum besteht – jener, die die Eroberer mitbrachten und die auch heute noch viele *Kreolen*, städtische Mestizen, aber auch viele indigene Brüder und Schwestern in ihrem Kopf tragen, die sich aber auch allgemein im Bildungswesen widerspiegelt – müssen wir zunächst einmal über unsere ureigene Betrachtungsweise des Universums nachdenken.

Nach unserem Weltbild sind wir nur ein winzig kleiner Teil des ganzen Universums. Als Menschen sind wir niemandem übergeordnet. Das Älteste, das es gibt, sind die Steine. Sie existierten schon viel früher als die Tiere und Menschen und sie verdienen unseren Respekt. In den Steinen leben der Geist und die Weisheit der Vorfahren weiter, der Männer und Frauen aller früheren Generationen. Die Inkas hatten die Fähigkeit, den Steinen zu lauschen und sie zu verstehen. Deshalb konnten sie so wundervolle Bauten aus reinem Stein herstellen, heute wären solche Leistungen unmöglich. Heute verstehen es nur noch ganz wenige, den Ahnen zu lauschen und ihnen zu dienen, unseren Ahnen, die weiterhin in Mauern und Steinen fortleben.

Danach kommen die Pflanzen. Es hat sich noch ein Teil der Kenntnisse darüber erhalten, wie man die wildwachsenden Pflanzen nutzen kann, sei es für die Ernährung, zum Färben, um sie als Shampoo oder Waschmittel zu verwenden, um die Fruchtbarkeit zu erhöhen oder zu verringern, um verschiedene Krankheiten zu heilen und um den Kontakt zwischen den drei Weltebenen *Ukhupacha*, *Kaypacha* und *Hanaqpacha* aufrechtzuerhalten.

Bevor man irgendeine Pflanze pflückt, bittet man die *Pachamama* um Erlaubnis und dankt ihr mit einem *K'intu de Koka*, einem Koka-Opfer, damit die Harmonie nicht gestört wird. Früher pflückten wir nur soviel, wie wir gerade verwenden wollten, und versuchten nachzupflanzen, was wir gepflückt hatten. Inzwischen hat sich in den von Mestizen bewohnten Gegenden die Mentalität geändert. Für den heutigen Menschen ist die Natur nur zum Ausbeuten da. Wenn er eine medizinische Pflanze sieht, denkt er daran, sie herauszureißen, aber er denkt nicht daran, um Erlaubnis zu bitten und sich zu bedanken, und erst recht nicht, sie nachzupflanzen. Wenn er einen Baum sieht, denkt er an Brennholz. Es fällt ihm überhaupt nicht ein, dass unsere heimischen Bäume langsam aussterben, und mit ihnen auch die alten Geister, welche sie beherbergen. Es ist ein Irrtum zu glauben, dass das menschliche Wesen über der Schöpfung stünde. Denn so kommt es zum Bruch in der von ergebenem Respekt geprägten Beziehung, und die Zerstörung kann frei um sich greifen.

Genauso verhält es sich mit den Tieren. Unsere Vorfahren wussten über Jahrhunderte und Jahrtausende, wie man mit den Tieren lebt. Sie jagten sie für ihren Gebrauch, aber sie rotteten sie nicht aus. Auch kannten sie die heiligen Tiere und verstanden ihre Botschaften. Heutzutage werden vor allem die heiligen Tiere am meisten gefürchtet. Zum Beispiel haben viele Leute Angst vor Kröten. Wenn sie eine auf ihrem Feld finden, töten sie sie. Die Kröte ist jedoch nicht nur sehr nützlich für das Feld, weil sie viele Insekten frisst, sie repräsentiert auch die *Pachamama*, und deswegen dürfen wir sie unter keinen Umständen töten. Mein Großvater sagte immer, dass die Kröte ein Landwirt sei, dass man ohne sie nicht gut anbauen könne, und dass die Kröte auch ankündige, wann es regnen und ob es eine gute oder schlechte Ernte geben werde.

Die Eule ist ein weiteres Beispiel. Sie ist der weise Vogel der Nacht, der es versteht, die Sterne zu deuten und uns darüber Botschaften zukommen zu lassen. Heutzutage wird die Eule in unseren Gemeinden gefürchtet, denn es heißt, sie kündige den Tod an. Doch in Wirklichkeit kann die Eule viele Dinge ankündigen, darunter auch den Tod, wir verstehen sie nur nicht mehr richtig. Und wenn wir sie töten, werden wir dem Tod trotzdem nicht entrinnen. So rotten wir viele Pflanzen und Tiere aus, entweder aus Herrschsucht, oder weil wir glauben, was uns Fremde erzählt haben.

Was die Menschen angeht, so liegen die Unterschiede nicht in der Rasse oder in der Hautfarbe. Vielmehr bestehen sie zwischen denen, die wir uns *Runa* nennen, das heißt, Menschen, die mit Mutter *Pachamama* das *Ayni* praktizieren, und denjenigen, die diesen Brauch nicht pflegen.

Ayni ist das Prinzip vom Geben und Nehmen. Es ist das nützlichste Gesetz, das es im täglichen Leben geben kann. Um die Felder zu bestellen, bittet man andere Personen um Hilfe. An dem Tag, an dem sie kommen, müssen ihnen die Besitzer des Feldes zu essen und zu trinken geben. Die Frau des Hauses wiederum bittet andere Frauen, ihr an diesem Tag beim Kochen zu helfen. Das Wichtigste dabei ist, dass die Besitzer des Feldes, die von allen Anwesenden Hilfe erhalten haben, dieses *Ayni* zurückgeben. Wenn die Helfer ihrerseits bei einer ähnlichen Arbeit Unterstützung brauchen, so ist es Aufgabe der ersteren, auf ihrem Feld mitzuarbeiten.

Das *Ayni* findet auch in Bezug auf Lebensmittel und Materialien Anwendung. Zum Beispiel bei einem *Wasichakuy* einem Hausbau, packen die Helfer nicht nur mit an, sondern sie bringen auch eine Holzlatte, eine Ladung Stroh oder anderes notwendiges Material mit. Die Frauen können ein paar Kartoffeln zusteuern, oder irgendein anderes Produkt, das liegt ganz in ihrem Ermessen. Die gegenseitige Verpflichtung besteht darin, diese Hilfe bei Bedarf zurückzugeben.

So wie das *Ayni* im täglichen Leben der Gemeindemitglieder praktiziert wird, so funktioniert es auch zwischen den Menschen, der *Pachamama* und den *Apus* unseren Schutzgeistern. Der *Pachamama* zu opfern, bedeutet, ihr das Ayni zurückzugeben, das sie uns in Form von Wild- und Kulturpflanzen gibt, die uns ernähren und heilen.

Der *Paqo*, unser Schamane und Priester, bereitet auf einer Webdecke einen Opfertisch vor, für den er Produkte von unseren Feldern verwendet, sowie eine Vielzahl anderer heiliger Zutaten. Jede einzelne davon hat ihre Bedeutung. In einer gewissen Reihenfolge und unter Aufsagung bestimmter Gebete werden all diese Elemente zum *Despacho* zusammengefügt, das ist eine nächtliche Zeremonie, die mehrere Stunden dauert und mit der Darbringung der Opfergaben endet. Was ich hier beschreibe, ist nur eine allgemeine Zusammenfassung, denn die Opferzeremonie unterscheidet sich je nach Gegend, Anlass und Zeitpunkt. Die Gegengabe beziehungsweise der *Despacho* ist die Nahrung für die Erde. Es ist ein Fest zu Ehren der *Pachamama*.

Ebenso verhält es sich mit den *K'intus de Koka*, den Opfern aus Kokablättern. In dem Augenblick, da sie zubereitet werden und wir die Blätter mit unseren Schwestern und Brüdern tauschen, sagen wir „*Hallpaykusunchis*", „Lasst uns in heiliger Zeremonie die Kokablätter kauen!". Auf diese Weise praktizieren wir das *Ayni*, denn wir geben *K'intus* und wir bekommen *K'intus*. Wenn wir sie dann den *Apus*, den *Awkis* und der *Pachamama* opfern, geben wir das *Ayni*, das sie uns durch ihre Macht und ihren Schutz zukommen lassen, mittels der *Kokamama*, dem Geist der Kokapflanze, zurück. Unser Dank sollte so regelmäßig sein wie die Unterstützung, die sie uns gewähren.

Eine weitere Weisheit unserer Kultur und ein lebendiger Ausdruck tiefen Respekts ist die Idee vom Gleichgewicht zweier entgegengesetzter Pole, wie warm und kalt, Sonne und Mond, männlich und weiblich, Mann und Frau. Nur beide Teile zusammen ergeben ein Ganzes, das das Leben vollständig macht. Alle Bereiche werden von der Suche nach dem Gleichgewicht bestimmt. Beim Essen sucht man das Gleichgewicht zwischen warm und kühl.[8] Nach einem Gericht, dessen Einfluss auf

---

[8]Vergleiche mit „cálido" und „fresco" im Glossar im Anhang. Die warme oder

den Körper als „kühl" eingestuft wird (zum Beispiel *Tarwi*, einer proteinhaltigen Hülsenfrucht, oder Erbsen), trinkt man den Kräuteraufguss einer Pflanze, die als „warm" gilt (zum Beispiel Anis oder Minze). Und andersherum nimmt man nach einem „warmen" Essen (zum Beispiel etwas Gebratenem oder einem Zwiebelsalat) einen Tee aus „kühlen" Pflanzen (zum Beispiel geröstete Gerste).

Beim Heilen von Krankheiten achtet man ebenfalls darauf. Wenn der Bauch vor Kälte schmerzt, so nimmt man eine „warme" Pflanze zu sich (z.b. einen Tee aus Kokablättern); rühren die Schmerzen von Hitze her, nimmt man etwas „Frisches" (z.B. ein Malvengetränk).

Auch bei unserer einheimischen Musik sucht man dieses Gleichgewicht. Die *Qena* (Rohrflöte) und die *Tinya* (kleine Handtrommel) werden immer zusammen gespielt, denn die *Qena* ist männlich und die *Tinya* weiblich. An vielen Orten werden die *Tinyas* bis heute von Frauen gespielt und die *Qenas* von Männern. Bei vielen Instrumenten gibt es „Weibchen" und „Männchen", z. B. bei den *Pututos*, den Kuhhörnern. Auch bei den *Sikuris*, einem traditionellen Musikstil von uns, gibt es als Instrumente die weibliche Panflöte (*Arka*) und die männliche (*Ira*). In einer Sikuri-Gruppe muss es immer genauso viele *Iras* wie *Arkas* geben. Sie müssen zusammenspielen, damit die Melodie ein Ganzes ergibt. Man kann nicht nur *Arka* oder nur *Ira* spielen. Auch darf eine einzige Person nicht beide Instrumente spielen. Unsere traditionelle Musik achtet auf all diese Details, nicht jedoch die sogenannte „Folklore", die auf kommerzielle Weise gespielt wird und bei der man auf diesen tiefen Sinn keine Rücksicht nimmt.

Wenn wir die Keramik und die alten Webarbeiten betrachten, so stoßen wir wieder auf dieselbe Idee. Wir finden da eine riesige Vielfalt an Symbolen, die das Gleichgewicht des Lebens darstellen.

Wenn wir diese Weisheit respektieren, kann es weder Chauvinismus noch Feminismus geben, denn keiner der beiden Po-

---

kühle Qualität eines Nahrungsmittels hat nichts damit zu tun, ob das Essen warm oder kalt serviert wird (Anm. d. Übers.).

le ist mehr oder weniger wert als der andere. Genauso wie ein Übermaß an „warmen" Einflüssen (Sonne, alkoholische Getränke u.a.) unseren Körper erkranken lässt, so macht auch das Ungleichgewicht zwischen Mann und Frau unsere Gesellschaft krank. Aus diesem Grund bestand die Notwendigkeit, eine Frauenorganisation zu gründen, nicht weil wir Feministinnen sind, sondern weil die Anerkennung und der natürliche Respekt den Frauen gegenüber verloren gegangen waren.

Früher, als unsere ursprüngliche Gesellschaft noch intakt war und sowohl Männer als auch Frauen Heilungen und Opferzeremonien durchführten, war unsere Verbindung mit der Natur ungebrochen. Die Völker erhielten Macht und Gesundheit, denn das Gleichgewicht war gegeben, und Mann und Frau respektierten sich gegenseitig. Ebenso verhielt es sich mit den Feldern und überhaupt mit dem ganzen Leben.

Die Frauen sagten ihre Meinung, gaben Ratschläge, und ihre Tätigkeiten waren anerkannt. Alle wussten, dass die weiblichen Naturkräfte wie die von *Pachamama*, *Kokamama*, *Ñust'as* (weibliche Berggeister) und *Mamaquilla* (Mutter Mond[9]) genauso wichtig für das Leben sind wie die männlichen Kräfte von *Tayta Inti* (Vater Sonne), den *Apus* oder der *Willkamayu*. Man wusste einfach, dass die Kräfte der Frau und ihre Sichtweise der Dinge, aber auch die Zubereitung des Essens und das Gebären der Kinder von gleicher Bedeutung sind wie die körperliche Arbeit und die Meinung der Männer.

Ich bin sehr froh darüber, dass ich Männer und Frauen aus dem Amazonas kennenlernen konnte, und auch aus einigen Andengegenden, deren Gemeinden noch intakter sind als unsere, da sie bis heute etwas von jenem natürlichen und jahrtausendealten Gleichgewicht bewahrt haben, während wir in unseren einst von Großgrundbesitzern geschundenen und heute von Alkoholismus und religiösen Sekten heimgesuchten Gemeinden mit größter Mühe versuchen, dieses Gleichgewicht wiederherzustellen.

---

[9] Im Gegensatz zum deutschsprachigen Kulturraum ist der Mond in vielen anderen Kulturen und Sprachen weiblich und die Sonne männlich (Anm. d. Übers.).

Die Religion der Eroberer spricht von einem männlichen, allmächtigen Gott im Himmel. Für uns sind die Götter Männer und Frauen, die sich auf der Erde, im Wasser, auf den Hügeln und auch im Himmel befinden. Für uns sind die Göttinnen keine leidenden und unterwürfigen Jungfrauen, sie sind starke und fruchtbare Mütter. Für uns wohnen die Götter nicht in Worten, eingeschlossen in einem Buch. Wie sollen wir dem Wort glauben, dass die Eroberer mitbrachten, und das ihnen zufolge den Willen Gottes ausdrückte, wenn doch seit dem ersten Moment, da sie unsere Länder betraten, jedes ihrer Worte gelogen war? Sie waren es, die uns beibrachten, zu lügen und Abkommen zu brechen.

Unsere Götter sind frei und sprechen zu denen, die es verstehen ihnen zuzuhören. Sie leben mit uns, sie sind jederzeit gegenwärtig. Nicht wie der christliche Gott und die Schutzheiligen, die weit weg im Himmel wohnen und vor denen man Angst haben soll.

Die christliche Religion hat uns Angst eingeflößt vor den Mächten der Natur, vor besonderen Orten wie Höhlen, Quellen und großen Felsen. Wenn wir durch eine Höhle gehen, haben wir Angst vor *Soq'a*, der Krankheit die unter anderem durch fehlenden Respekt vor den Höhlengeistern ausgelöst wird. Natürlich können wir krank werden, aber das liegt nicht daran, dass der Ort an sich schlecht ist oder mit dem Teufel zu tun hat, sondern daran, dass wir es nicht mehr verstehen, den alten Geistern, die an diesen Orten leben, die nötige Aufmerksamkeit zu schenken. Man muss sie respektieren, aber man sollte keine Angst vor ihnen haben. Auf dem Land herrscht auch viel Angst vor dem Regenbogen. In meiner Gegend sagt man, dass der Regenbogen die Mädchen verfolge, wenn sie das Vieh weiden, dass er unter ihre Röcke krieche und sie schwängern würde. Es heißt auch, dass man niemals mit dem Finger auf den Regenbogen zeigen oder vor ihm den Mund öffnen dürfe, denn das deformiere die Zähne. Einige sagen sogar, dass man ihn nicht einmal ansehen solle. So gehen uns bedeutende Zeichen und mächtige Orte verloren.

Jede Gemeinde hatte ihren heiligen Ort, an dem sie Opfer

und Gegengaben erbrachte. Genau an diesen heiligen Stätten haben die Katholiken Kreuze aufgestellt, Kapellen und Kirchen errichtet, voller Mythen von Jungfrauen und Heiligen. Unseren mächtigen Bergen haben sie andere Namen gegeben und sie nach ihren Heiligen genannt. Bei manchem wissen nicht einmal die ältesten Großväter, wie sie ursprünglich geheißen haben. Dasselbe taten die Eroberer mit unseren Festen und heiligen Daten. Sie erfanden einen Schutzpatron, eine Jungfrau oder ein Heiligenbild, und zwangen uns, diese an eben dem Tag zu feiern, an dem ein Volk an seinen *Wak'as*, seinen heiligen Stätten, Opfer erbrachte.

All dies taten sie, weil wir mit der Zeit vergessen sollten, welche Bedeutung dieser Ort hatte und welches Fest man dort feierte. In vielen Fällen gelang es ihnen auch, diese Dinge aus der Erinnerung auszulöschen. Heutzutage sehen wir die Kapelle und die Prozession zu Ehren des Heiligen, und schon von Kind an bringt man uns bei, dass es das ist, was wir verehren müssen. Wir tun das auch, weil man uns droht: „Wenn du dem Schutzheilligen nicht sein Fest ausrichtest, wenn du seine Stellung als *Mayordomo* nicht anerkennst, dann wird er das Volk bestrafen". Wir haben keine Ahnung und fragen auch nicht danach, wer diese Person war, die wir anbeten.

Im Falle meiner Gemeinde haben wir als Schutzpatron den Heiligen Jakob. Bei der Prozession tragen wir eine Figur des Jakob, die auf ihrem Pferd sitzt und auf einen Indio eintritt. Die Wahrheit über den Heiligen Jakob ist, dass er in Spanien die Mauren oder Moslems tötete,[10] und als die Spanier nach Lateinamerika kamen, ersetzten sie den Moslem durch einen Indígena, um den Triumph des Christentums über un-

---

[10] Auch dies allerdings nicht in Person, sondern als Schutzheiliger der Spanischen Reconquista. Der Heilige Jakob war einer der Apostel Jesu und ist der Legende zufolge im galicischen Santiago de Compostela begraben, wo man im 9. Jahrhundert mitten im Bemühen der Spanier, ihre Halbinsel gegen die von Afrika vorrückenden Mauren zu verteidigen, sein Grab zu entdecken glaubte. Bereits 844 schrieb man seinem wundersamen Eingreifen in die Schlacht von Clavijo den Sieg über die muslimischen Mauren zu. Daraufhin wurde Santiago Matamoros (Jakob der Maurentöter) zuerst zum Schutzheiligen der Reconquista, später zum Patron der Kreuzzüge und der Eroberung Amerikas (Anm. d. Lektorin).

sere einheimische Religion zu untermauern. Jakob war der Schutzheilige der spanischen Invasion in Amerika. Und so kam es, dass er hier bis heute in der Pose des Indígena-Töters dargestellt wird, und man ihm den Beinamen „Jakob der Indiotöter" gegeben hat.

Unsere Eltern erzählen uns das nicht, denn sie wissen nichts davon. Aber die Lehrer könnten es wissen, doch in den Schulen bringt man uns das auch nicht bei. Und so feiern wir Jahr für Jahr den Mörder unserer Vorfahren und geben Geld aus, das wir eigentlich für unsere Kinder bräuchten. Ein *Mayordomo*, dem die Schirmherrschaft der Feier übertragen wird, muss ungefähr hundert Kästen Bier bereitstellen, ebenso *Chicha* (Getränk aus fermentiertem Mais) und Essen für alle, und außerdem eine Musikkapelle organisieren. Dabei geht das ganze Geld drauf, das er in ein oder zwei Jahren erarbeitet hat, und darüber hinaus verschuldet er sich noch. Aber das tut er, damit der Schutzheilige die Seinen und die gesamte Gemeinschaft schützt. Sie haben uns dazu gebracht zu glauben, dass all diese Geldverprasserei und all die Sauferei dazu gut sei, von einem Völkermörder beschützt zu werden.

Die meisten unserer Leute haben nie wie ich die Gelegenheit gehabt, woanders hinzugehen und andere Verhältnisse kennenzulernen. Und da sie nichts anderes kennen, glauben sie diese Dinge bis heute, oder haben zumindest Angst, dem Schutzheiligen nicht ausreichend zu dienen. Sie trauen sich noch nicht einmal, irgendetwas gegen ihn zu sagen. Das Wort *Patrón* wird sowohl für den Schutzheiligen als auch für den Großgrundbesitzer oder den Chef bei einer Arbeit benutzt. Und die Leute haben wirklich erfahren, dass sie den *Patrones* schweigsam gehorchen müssen, um nicht bestraft zu werden. Und ein *Mayordomo* ist in Wirklichkeit die rechte Hand des *Patróns*, sei es nun ein Heiliger oder ein Großgrundbesitzer. Auch ihm muss man gehorchen. Es ist kein Zufall, dass die Kirche die Worte *Patrón* und *Mayordomo* verwendet, ebenso wie die Großgrundbesitzer.

Die Katholiken lehren uns auch, dass wir Sünder seien, und dass Gott uns durch die Person des Priesters die Sünden vergeben würde. Ich gebe zu, dass es tatsächlich einige Priester gibt, die von ihrer Gemeinde geschätzt werden, denn sie sind sozial engagiert und behandeln die Leute gut. Sie beziehen sich auf die Bibel, aber sie verhalten sich so, weil sie eben einfach gute Menschen sind.

Doch die Vorstellung, dass wir Sünder seien und vom Priester abhängen würden, schafft eine neue, personenbezogene Abhängigkeit. Und unsere Leute, deren Selbstwertgefühl in der Regel sowieso schon ganz unten ist, fühlen sich einmal mehr minderwertig, unfähig und schuldig. Sie haben Angst vor dem Priester und vor ihrem Gott. Deshalb lassen die meisten ihre Kinder taufen, aus Angst, denn man sagt ihnen, dass diese sonst krank würden.

Ich finde es sehr beunruhigend, dass seit ungefähr zehn Jahren in unseren Gemeinden religiöse Sekten auf dem Vormarsch sind. Diese nutzen geschickt die Unzufriedenheit mancher Bevölkerungsgruppen mit den Patronatsfesten und mit dem Alkoholismus der Katholiken aus. In vielen Gemeinden sind bestimmte Gruppen vollständig zu den Israeliten, Evangelisten oder Maranathas übergetreten. Es gibt auch Zeugen Jehovas, Mormonen und Adventisten. Sie alle lehnen offiziell den Alkohol ab, und das hat einigen Familien geholfen, diesem Joch zu entkommen. Manche Sekten werden aus dem Ausland finanziert und führen gemeinnützige Projekte in den Gemeinden durch, unter der Bedingung, dass die Leute zu ihren Versammlungen gehen. Wie ist es möglich, dass es für uns nicht so einfach ist, wie für diese Gruppen, Unterstützung zu erhalten, um unseren Leuten unsere eigene Kultur zurückgeben zu können?

Jede dieser Gruppen hält an einem bestimmten Wochentag ihre Pflichtversammlung ab, wobei das nicht bei allen Religionen derselbe Tag ist. Auf diese Weise wird die Gemeinde gespalten und die Organisation erschwert. Alle Anhänger fühlen sich mit ihrer besonderen Art, die Bibel auszulegen, als Missionare. Alle glauben, dass sie die Wahrheit gepachtet hätten. Sie verbieten uns, unsere Tänze zu tanzen, unsere Musik zu spielen und zu singen. Sie verbieten uns, wir selbst zu sein. Und nach und nach verändern sie die Menschen, bis einige der Konvertierten ihre Felder und Häuser aufgeben, um ins „gelobte Land" zu gehen, von dem es heißt, es liege im Urwald, und sich dort völlig von ihrem Anführer abhängig zu machen.

Die Tatsache, dass diese Sekten trotzdem so zahlreiche Anhänger finden, zeigt die verzweifelte Suche unserer Leute, denn die meisten von uns sind sehr religiös und können nicht im Nichts leben. Es ist nicht damit getan, diese Gruppen abzulehnen, man muss sich auch über die Alternativen im Klaren sein. Die Antwort verbirgt sich eben hier bei uns, sie ist so nah und gleichzeitig so fern.

Wenn es uns gelänge, die Zeremonien und Opfer für unsere *Pachamama* wieder aufleben zu lassen, würden sich viele Probleme lösen, denn dann würde sich das Bewusstsein der Leute völlig verändern. Wir würden unsere eigene Art zu beten wiedergewinnen und auch unsere eigene Art, mit den Naturkräften in Verbindung zu stehen. Die *Pachamama* zu lieben bedeutet nicht, ihr einmal im Jahr eine kleine Gabe" zukommen zu lassen und sie anschließend zu vergessen. Es ist vielmehr ein tägliches Erleben, in jedem Augenblick. In ihrer Begleitung wäre es uns nicht mehr möglich, die Quellen mit Waschmitteln oder leeren Batterien zu verschmutzen, die sie mit ihrer giftigen Flüssigkeit zum Weinen bringen, denn die Quellen sind ihre Augen. Sie würde uns auch lehren, über die Verwendung von Chemikalien in der Landwirtschaft und über viele Verhaltensweisen in unserem Leben nachzudenken.

Durch die Teilnahme an überlieferten Zeremonien anderer indianischer Völker habe ich andere traditionelle Formen des Gebets kennen gelernt. Ich hatte Gelegenheit, die Zeremonie des *Tematskal* mit Brüdern und Schwestern des indigenen Volkes der Salish (Kanada) zu teilen, und auch mit anderen Personen, die zeitweise bei den Lakotas (USA) lebten. Bei uns nennen wir diese Zeremonie *Hump'inawasi*, denn wenn man Steine im Feuer erhitzt und kaltes Wasser darauf gießt, so entsteht Dampf und alle Beteiligten schwitzen stark. Aber es ist weit mehr als eine Sauna. Es ist eine Opferzeremonie für die

Pachamama, eine Zeremonie der Reinigung und der körperlichen, emotionalen und spirituellen Heilung. Es ist ein *Ayni*, denn du gibst dein Leiden und erträgst die Hitze, damit du um etwas bitten kannst.

Die Elemente des *Tematskal*, das heißt die Steine, das Feuer und die Form der Hütte, symbolisieren die Rückkehr zum Ursprung des Lebens. Mir hat das Schwitzen sehr geholfen, meine eigene Lage und die unserer Gemeinden klar zu sehen und darüber nachzudenken. Diese einfache Zeremonie ist so stark und so wirksam. Wenn sie in unseren Gemeinden eingeführt werden könnte, würde ich wirklich Hoffnung schöpfen, dass unsere Völker ihre Werte und ihre Würde wiedererlangten, dass unsere Leute von ihrer Orientierungslosigkeit und vom Alkoholismus geheilt würden.

Alle indigenen Völker des amerikanischen Kontinents haben eine ähnliche Kultur und sie alle leiden unter Ausgrenzung und sind vom Aussterben bedroht. Es wäre wichtig, dass wir uns als Indígenas vereint fühlen und uns gegenseitig vermitteln, was jedes einzelne Volk von dem alten Wissen bewahren konnte. Der überlieferte Brauch des *Tematskal* beispielsweise wird bis heute in Mexiko und nördlich davon praktiziert. Aber wenn er hier im Süden Amerikas auch nützlich und heilsam für uns sein kann und uns hilft, unsere Kultur zu leben, so sollten wir ihn aufnehmen und keine Vorurteile haben, ihn zu erlernen. Der Norden und der Süden sind ebenfalls Teil des Gleichgewichts, von dem ich bereits gesprochen habe.

Wir alle sind wie Pflänzchen, die die Eroberer in jenen Jahren aus ihrer fruchtbaren Erde herausgerissen haben. Sie pflanzten uns auf andere Felder, sie bewässerten uns mit ihrer Art und Weise, die Dinge zu sehen. Wir sollten in ihren Gärten wachsen. Einige Pflänzchen vertrockneten, einige gingen auf und wuchsen. Von denen, die aufgingen, überlebten die meisten mit nur wenigen Wurzeln, und das, obwohl sie sich nicht an den kalten Boden und diese Art des Gießens gewöhnen konnten. Ihre restlichen Wurzeln wuchsen in die Länge, wie die der Pfefferminze, und machten sich auf die Suche nach den verlorenen Böden. Die Eroberer errichteten Zäune, um uns in ihrer Sicht der Dinge einzugrenzen, doch unsere unterirdischen Wurzeln wuchsen trotzdem und kamen voran. Sie wuchsen, bis sie zu unseren fruchtbaren und warmen Böden gelangten, wo wir erst seit kurzem wieder in all unserer Schönheit erblühen können. Es ist wunderschön, auf eigenem Boden zu wachsen und von den *Apus* und den Reichtümern unserer indigenen Kulturen genährt zu werden. Diese Erfahrung gibt unserem Leben einen Sinn und wirkt sich auf unsere Ernährung, Gesundheit, Bildung und Landwirtschaft aus, das heißt auf alle Bereiche unseres Lebens.

Alles ist miteinander verwoben

Gründe für die Unterernährung auf dem Land
Unsere traditionellen Speisen
Fremde Lebensmittelhilfen
Alternative Anbauformen

Warum gibt es auf dem Land, wo sich 100% der Bevölkerung dem Anbau von Nutzpflanzen widmet, so viele unterernährte Kinder und unterernährte Frauen, die wiederum unterernährte Babys zur Welt bringen? Das kann mehrere Ursachen haben.

Es gibt auch heute noch Familien, die kaum eigene Äcker haben, und die immer noch Gutsbesitzern von ihrer Ernte abgeben müssen. Was übrig bleibt, reicht nicht zum Leben, schon gar nicht, wenn sie viele Kinder haben.

Oft geht ein Teil der Ernte infolge von Trockenperioden, Hagel, Frost oder Plagen verloren. Da wir nur eine Ernte im Jahr einbringen, schaffen wir es nicht, bis zur nächsten genug Reserven zurückzulegen und machen Hungerzeiten durch, vor allem in den Monaten Januar und Februar.

Ein anderer Grund für die Unterernährung ist der Alkoholismus. Eltern, die trinken, bearbeiten ihre Felder nicht richtig und bringen nicht genug Ernte ein. Mütter, die trinken, schaden ihrem Baby schon im Bauch, es kommt unterernährt zur Welt. Sie schenken ihrem Kind auch nicht genug Aufmerksamkeit und ernähren es nicht richtig. Wenn sie zum Markt oder in einen Laden gehen, kaufen sie als allererstes Alkohol, und dann erst den Rest.

Und wie oft kommt es vor, dass wir unsere Produkte – zum Beispiel Weizen, Kartoffeln oder Mais – viel zu billig auf dem Markt verkaufen, weil wir dringend Geld brauchen für Alkohol, aber auch Nudeln, Reis oder Zucker – Dinge, die uns nicht ernähren? Manchmal müssen wir bis zu zwei Arrobas[11] Kartoffeln verkaufen, um für das Geld ein Kilo Nudeln zu bekommen. Statt den Kindern Eis oder Lutscher zu geben, sollten wir ihnen lieber eine Orange oder eine Banane kaufen. Das wenige Geld, das wir im Schweiße unseres Angesichts erarbeiten, sollten wir besser in solche Dinge investieren, die uns auch ernähren, und nicht in solche, die uns schaden.

Wenn die Leute aus der Stadt meinen, dass ihre Gerichte, ihre Schmor- und Fleischtöpfe[12] oder ihre Nudelsuppen unserem Essen überlegen seien, täuschen sie sich gewaltig, und es muss uns egal sein, was sie glauben. Wenn die Wissenschaftler mal ihr Essen analysieren würden und es dann mit Gerichten von uns, *Yuyuhauch'a* oder *Tarwiuchu* zum Beispiel, vergleichen würden, käme dabei ganz sicher heraus, dass unser Essen vitamin- und nährstoffreicher ist. Warum fühlen wir uns also schlecht, wenn sie uns sagen, dass *Ch'uñolawa* und *Kinwa* nur „Indio-Essen" sei? Es gibt überhaupt keinen Grund, uns deswegen schlecht zu fühlen.

Und es gibt noch mehr, worüber wir nachdenken müssen. Als wir das Frauenkomitee in Huayllaqocha und später in anderen Gemeinden der Provinz gründeten, da waren Frauen aller Art dabei: junge Mädchen, Mütter, alte Frauen und Witwen. Die Essküchen für Kinder, die wir ins Leben riefen, waren nicht direkt eine Sache des Komitees. Aber viele Frauen, die in den Essküchen arbeiteten, schlossen sich später dem Komitee an. Die Essküchen dienten nicht nur der Ernährung der Kinder, sondern wurden auch für viele Frauen zum Anlass, sich zusammenzuschließen.

Unter der Regierung von Alan García spaltete sich das Komitee dann, denn er gründete die Mütterklubs und verschenkte Töpfe und Lebensmittel. Da machten nur Mütter mit, keine alten oder ledigen Frauen. Grundlage des Mütterklubs waren die Lebensmittel, die der Staat verteilte, und viele Frauen zogen den Klub vor, weil sie da Geschenke erhielten.

---

[11] 1 Arroba = 12,5 kg (Anm. d. Übers.).
[12] Im Original *Estofados* und *Saltados*, siehe Glossar (Anm. d. Übers.).

Als der damalige Bürgermeister von Lima, Alfonso Barrantes, die Ein-Glas-Milch-Kampagne für Lima und später auch für andere Städte ins Leben rief, forderten wir, diese auch auf die Gemeinden auszuweiten. Zu dieser Zeit sahen wir es als eine Priorität an, dass unsere Kinder besser ernährt würden, und wenn der Staat uns dabei helfen wollte, war er willkommen.

Wir hatten damals keine ausreichenden Kriterien, um die Qualität der ausgeteilten Lebensmittel zu beurteilen. Wir dachten einfach, dass sie uns etwas Gutes geben würden, und so lebten wir alle in der Überzeugung, dass die Instantpulver etwas Gutes seien. Damals dachten wir auch nicht an die negativen Auswirkungen der Kampagne für unsere Organisation.

Statt uns dabei zu unterstützen, bessere Lebensmittel auf unseren Feldern zu erwirtschaften, Obstplantagen wieder aufzuforsten, *Kiwicha* und *Kinwa* anzubauen, und statt gerechtere Preise für unsere Produkte zu bezahlen, lehren sie uns, die Hand aufzuhalten, zu nehmen ohne zu geben, und uns darüber in die Haare zu kriegen, wer mehr und wer weniger bekommt. Unsere Organisation beschränkt sich dann nur noch darauf, Spenden entgegenzunehmen, und wird davon abhängig.

Es kommen auch religiöse Sekten in die Gemeinden, um die Kinder zu wiegen, und nur diejenigen, die ein niedriges Gewicht haben, bekommen Lebensmittel. Das hat zur Folge, dass manche Mütter es als vorteilhaft ansehen, wenn ihre Kinder untergewichtig sind, denn nur so bekommen sie Hilfe.

Vor den Wahlen kommen immer die Kandidaten der Regierungspartei (denn nur die hat Geld) in die Gemeinden und verteilen Lebensmittel, unter der Bedingung, sie zu wählen. Auf diese Weise werden viele Leute gekauft.

In manchen Fällen ist eine Lebensmittelhilfe natürlich sinnvoll, zum Beispiel in Trockenperioden, bei Erdrutschen oder anderen Katastrophen, die einen Ausnahmezustand hervorrufen.

Bei unseren Ausbildungsveranstaltungen kochten wir immer für alle Teilnehmer ein Mittagessen, wobei wir die Lebensmittel, die sie von ihren Feldern mitbrachten, zusammen mit anderen zubereiteten, die wir gekauft hatten, wie Gemüse, Öl u.a. Zusammen zu essen vereint.

Es ist durchaus gut, den Kindern in der Schule einen Imbiss zu geben, denn so können sie im Unterricht besser aufpassen. Viele Kinder kommen morgens in die Schule gerannt, ohne vorher gefrühstückt zu haben, denn bei Morgengrauen müssen sie das Vieh versorgen. Aber es ist nicht richtig, ihnen irgendein Pulver voller Geschmacks- und Farbstoffe zu geben, oder Süßigkeiten. Man könnte *Kiwicha*, *Hak'o* oder Hafer für sie zubereiten.

Wenn man uns immer nur Importprodukte bringt, die künstlich und kein bisschen natürlich sind, so ist das eine Beleidigung für uns. Es ist, als ob man uns Bauern sagen wollte: Was du produzierst, taugt nichts.

Wie können sie nur darüber hinwegsehen, dass es hier so viele wertvolle Nahrungsmittel gibt oder gab? So zum Beispiel die *Kiwicha*. Warum verboten die Spanier zur Zeit der Eroberung den Anbau der *Kiwicha*? Weil sie gemerkt hatten, dass sie das beste Lebensmittel war, das unsere Vorfahren besaßen. Und da sie nicht nur die Menschen, sondern auch die Götter ernährte, wurde sie verboten. Und bis heute haben wir diese Pflanze vergessen. Viele Bauern aus meiner Gegend wissen noch nicht einmal, dass sie existiert.

Wir würden gerne wieder lernen, die *Kiwicha* anzubauen und sie zuzubereiten. Das wäre ein Beispiel für eine echte Hilfe, die der Staat oder irgendeine Organisation uns geben könnte.

Für die Qualität des Essens ist auch die Art und Weise, wie angebaut wird, ausschlaggebend. Wenn die *Pachamama* gesund ist, sind auch unsere Felder gesund, sie werden dann gesunde Pflanzen produzieren und wir werden gesund und gut ernährt sein. Es ist schwierig, die Sachen so isoliert darzustellen, denn alles ist miteinander verwoben: Jeder einzelne Bereich hängt von den anderen ab, die Gesundheit von der Ernährung, die Ernährung von der Landwirtschaft, die Landwirtschaft von der Erziehung, und umgekehrt genauso.

Die Lehre der Pachamama

Was wir von unseren Großeltern hörten
Die Pachamama ist traurig
Die Pflanzen zeigen uns, wie sie wachsen wollen
Der Betrug mit den Düngemitteln
Auf der Suche nach Alternativen

Die Ackerpflanzen wachsen nachts und unterhalten sich miteinander. Wenn du dein Feld voll mit Unkraut hast, ohne es zu jäten, fühlen sich die Pflanzen verlassen, voller Läuse auf ihren Köpfen, und wachsen nicht. Sie sagen dann: „Ach, ich bin ein armes Waisenkind, man erinnert sich nicht an mich". In der Nacht, wenn die Pflanzen wachsen, macht der Boden ein Geräusch: „Schschsch". Wenn die Pflanzen nicht wachsen, tönt der Boden nicht. Das sagten uns unsere Großeltern.

Sie sagten auch, dass man für jede einzelne Pflanze Respekt haben muss. Nach der Ernte dürfen Mais und Kartoffeln oder andere Anbaupflanzen nicht vermischt werden. Alles muss getrennt gelagert werden. Man darf auch keine rohen Kartoffeln zusammen mit halbgekochten im selben Korb aufbewahren.

Im August, wenn die Ernte vorbei ist, muss man der *Pachamama*, die sich nun erholt, ihre Gegengabe geben: ihre Lebensmittel und den ihr gebührenden Dank. Wenn wir all das nicht beachten, ist die Erde beleidigt und produziert nicht mehr so wie vorher. Wir werden sogar Hunger leiden, weil wir ihr keinen Respekt entgegengebracht haben.

So sagten unsere Großeltern, und genau das erleben wir jetzt. Ich würde nicht sagen, dass die *Pachamama* beleidigt ist, sondern dass sie traurig ist, denn ihre Liebe wird nun nicht mehr erwidert.

Die meisten Leute in meiner Gemeinde bereiten keine Gegengaben mehr für ihr Feld oder ihr Haus vor. Wir bebauen, ohne die dazugehörigen Lieder zu singen. Beim Säen des Maises zum Beispiel öffnen die Männer die Furchen und die Frauen streuen die Körner aus. Dann singt man den *Wankay*, die zeremoniellen Gesänge der Aussaat. Ich sage „man singt", denn ich habe das in Gemeinden gesehen, wo sie das noch so machen. In meiner Gemeinde nicht mehr. Aber ich sage trotzdem „sie singen", denn so soll man es machen, als Gegengabe. Beim Pflügen der Maisfelder spielt man auf der *Qena* und der *Tinya*. Zur Karnevalszeit spielt man für die Pflanzen, die am Wachsen sind. Um die Ernte ins Haus zu tragen, gibt es andere Gesänge. Auch hat jede Kulturpflanze ihre Musik, wir erinnern uns nur nicht mehr daran, oder wollen uns nicht erinnern. Welche Musik gewählt wird, darf nicht dem Zufall überlassen werden. Jede ist für einen ganz bestimmten Anlass. Auf diese Weise wird die *Pachamama* fröhlich gestimmt, und dadurch trägt man dazu bei, dass die Pflanzen gut wachsen.

Doch damit nicht genug. Früher wusste man auch ganz genau, wie die Pflanzen wachsen wollen. Sie wollen nicht alleine sein. Der Mais zum Beispiel fühlt sich traurig, wenn er alleine ist, er möchte in Gesellschaft von *Kinwa* oder Kichererbsen stehen. Die Kartoffel möchte Begleitung von *Tarwi*. Jede Pflanze hat ihre Vorliebe. Sie zieht auch bestimmte Düfte vor. Bei der Ernte hinterlassen die Pflanzen ihren Duft in der Erde. Die Pflanze, die danach angebaut wird, kann diesen Duft mögen oder nicht. Es gibt Pflanzen, die ermüden die Erde mehr als andere, denn sie benötigen mehr Nährmittel, während andere sich mit dem begnügen, was übrig ist. Die Erde braucht auch Erholung, das heißt, sie muss mehrere Jahre lang brach liegen. Wenn wir all diese Dinge beachten, können wir unseren Anbau mit mehr Respekt betreiben.

In der Gegenwart gibt es viele Probleme mit der Landwirtschaft. In unserer Gegend sind die klimatischen Veränderungen ein schlimmes Problem. Da die meisten unserer Felder nicht bewässert werden, hat es fatale Folgen, wenn der Regen sich verzögert. Ebenso fatal ist es, wenn der Frost zu früh kommt. In den letzten Jahren schwankt das Klima stark und wir wissen nicht mehr, wann die Regenzeit beginnen wird. In früheren Zeiten gab es auch Klimaschwankungen, aber nicht so sehr wie heute, glaube ich. Außerdem verstanden sich die alten Leute darauf, die Sternbilder, den Mond, das Verhalten der Tiere und andere Dinge zu deuten, und daraus zu schließen, wann und wie die Felder bearbeitet werden mussten. Heute wollen wir alles alleine machen, ohne die Sterne zu befragen, ohne die *Pachamama* zu befragen, ohne überhaupt irgendwen zu befragen. Deshalb gerät uns alles schlecht.

Wir säen im falschen Moment, die Felder produzieren nicht mehr so wie früher, die Lebensmittel schmecken nicht mehr genauso und es gibt außerdem viele Schädlinge. Und obwohl Insektizide versprüht werden, haben die Plagen sogar noch zugenommen.

Wenn wir vergleichen, wie wir früher anbauten und wie heute, können wir ganz leicht selbst merken, welche Fehler wir begehen.

In den 70-er Jahren, nachdem wir so hart bei den Landbesetzungen gekämpft hatten, als wir alle voller Überschwang waren, weil wir die Böden unserer Gemeinden zurückerobern konnten, und jede Familie endlich ein Fleckchen zum Bebauen hatte, da kamen die Ingenieure vom Landwirtschaftsministerium und brachten uns die chemischen Dünge- und Pflanzenschutzmittel. Sie sagten, dass man damit besser anbauen könne, dass es damit Entwicklung und bessere Ernten geben würde. Anfangs erhielten wir die Chemikalien als Geschenk, später als Anleihen. Wir nahmen sie an und benutzten sie. Da griffen wir auch immer mehr auf brachliegende Böden zurück, vor allem, weil wir nun nicht mehr nur für den Eigenbedarf produzierten, sondern auch für den Verkauf. Außer den Chemikalien brachten sie uns auch Knollen von Kartoffelarten, die mit diesen Mitteln gut wachsen, wie weiße oder trockene Kartoffel. Nach und nach verschwanden dann die einheimischen Kartoffelarten, wie *Emilia Suyt'u* und viele andere, die wir vorher gepflanzt hatten.

In einigen Gemeinden habe ich gesehen, dass man für den Eigenverbrauch noch auf natürliche Weise anbaut, denn so schmecken die Sachen besser. Was für den Verkauf bestimmt ist, wird hingegen künstlich gedüngt, denn so wächst es größer. Das zahlt sich auf dem Markt aus. Die Verbraucher fördern also indirekt den Chemieeinsatz auf den Feldern, denn sie wollen alles groß haben, egal ob es biologisch angebaut ist oder nicht.

Auch wir von den Bauernbewegungen haben nicht gemerkt, was für einen Schaden wir uns selbst und auch der *Pachamama* zufügen. Wie ich schon ausgeführt habe, war der Kampf der Bauern sehr politisiert, er war auf materielle Dinge ausgerichtet und etwas oberflächlich. Wir forderten Unterstützung für die Landwirtschaft, doch was für Hilfe bekamen wir? Dünger und Pflanzenschutzmittel, das war's. Wer dachte damals schon an unsere *Pachamama*?

In meiner Gegend, das heißt um die Lagune Huaypu herum, bauen wir nur Kartoffeln an. Und jetzt, nachdem wir 20 Jahre lang mit Chemieeinsatz gepflanzt haben und die Anbaukultur nicht wechselten, sind die Missernten so groß geworden, dass wir endlich beginnen, darüber nachzudenken, ob nicht irgendetwas schief läuft. Auf dem Feld wartet schon der Kartoffelwurm *Papakhuru* und freut sich auf die nächste Aussaat. Und wir tun ihm den Gefallen und pflanzen wieder Kartoffeln, damit er es sich auf unsere Kosten wohlergehen lassen kann. Die *Pachamama* ist krank, müde und vergiftet von so vielen Hilfsmitteln. Schon seit einiger Zeit macht sie uns Vorwürfe, und wir haben nicht darauf geachtet.

Viele Personen merken, dass mit unseren Böden Veränderungen vorgehen, doch nur wenige reagieren auch und suchen nach Alternativen. Manche säen Maway-Kartoffel im August, und danach Gerste als Viehfutter, denn die Maway braucht nicht viele Insektizide. Andere versuchen, die Anbaupflanze zu wechseln und säen *Kinwa*-Korn, statt Kartoffel. Das Problem bei der *Kinwa* ist, dass sie sehr sensibel auf Klimaveränderungen reagiert und außerdem stark von Pilzen befallen wird.

Am besten wäre es, wenn die gesamte Gemeinde eine Saison lang überhaupt keine Kartoffeln mehr anpflanzen würde, sondern stattdessen *Tarwi*, Erbsen, oder Kichererbsen, denn diese Pflanzen erneuern und nähren den Boden. Von dem vielen Geld, das wir normalerweise für den Kartoffelanbau ausgeben – wir brauchen Samen, Dünger, Chemikalien gegen Schädlinge und Pilze, müssen Arbeiter und Essen bezahlen – und das wir oftmals noch nicht einmal mit dem Verkauf der Ernteerträge wieder einbringen können, könnten wir anderswo Kartoffeln für unseren Eigenbedarf kaufen. Das Wichtige dabei wäre, dass die ganze Gemeinde mitmacht, denn wenn auf einem Feld noch Kartoffel wächst, werden die Plagen dort überleben. Und wenn einer natürlichen Anbau betreibt, und der nächste Chemikalien spritzt, dann werden alle Plagen das biologisch bestellte Feld befallen. Der einzige Ausweg ist, uns einig zu sein und uns zu organisieren. Wir müssen etwas tun, um keine solchen Missernten mehr zu haben, und dazu brauchen wir Unterstützung in Form von Saatgut und Unterweisungen.

Es gibt auch Möglichkeiten, die Preise für unsere Produkte sowie die Qualität unserer Ernährung zu verbessern, wenn wir es nur schaffen könnten, die Produkte innerhalb der Gemeinden weiterzuverarbeiten. Mit einer Gemeindemühle könnte man zum Beispiel *Kinwa*-Blätter herstellen, sowie *Kiwicha* und Mais aus unserem eigenen Anbau. Das wären Produkte von hohem Nährwert und mit Garantie. Sie könnten das importierte *Quaker*-Pulver ersetzen, und die Instantpulver, die man bei den Ernährungskampagnen verteilt. Unterstützung bräuchten wir in Form der nötigen Maschinen, in Form von Unterweisung und zur Sicherung eines Marktes. Ich bin sicher, dass man durch einschlägige Studien eine Lösung für jeden Ort finden könnte.

Ein weiterer Punkt ist die Organisation der Öko-Bauern und die Zertifizierung ihrer Produkte, die dem Verbraucher garantiert, dass es sich tatsächlich um ein natürliches Produkt handelt. Wenn man die Bevölkerung schon von klein auf in den Schulen sensibilisiert und unterweist, könnte das nach und nach dazu führen, dass natürliche Produkte mehr geschätzt und gekauft werden, auch wenn sie kleiner sind.

Für unsere Gemeinden wäre es eine große Hilfe, Unterstützung in Form von Saatgut zu bekommen, um so einen Teil des intensiven Kartoffelanbaus ersetzen zu können und auch, um wieder einheimische Kartoffelarten zu pflanzen.

In unseren Kursen zu Gesundheitsthemen haben wir festgestellt, dass die Frauen sich sehr mit dieser Problematik beschäftigen. Wir Frauen sind trotz all der Veränderungen, die wir durchgemacht haben, von Natur aus enger mit der *Pachamama* verbunden. Wir hatten das Glück, dass einige Ingenieure vom Institut für Ökologie und Medizinische Pflanzen (IEPLAM) in unseren Kursen anwesend waren, und auch einige Schwestern, die von ihren praktischen Erfahrungen beim ökologischen Anbau erzählen konnten. Hier wurde ein Anfang gemacht, den wir hoffentlich eines Tages weiterführen und in die Praxis umsetzen können, indem wir mehr Kurse und Aktivitäten in den Gemeinden organisieren.

Bei diesen Treffen lernten wir viel über Dinge, von denen uns vorher noch niemand etwas gesagt hatte. Zum Beispiel worin der Betrug mit den künstlichen Düngemitteln besteht. Ein gesunder Boden ist voller Leben, voller kleiner Mikroorganismen, die aber vom Salz des Düngemittels getötet werden. Die Düngemittel zwingen die Pflanze außerdem dazu, Nährmittel aufzunehmen, sie zwingen sie zum Wachsen. Das Ergebnis ist eine schwache Pflanze, die sehr anfällig für Krankheiten ist. Das kommt den Herstellern dieser „fortschrittlichen" Produkte zu Gute, denn dieselben Firmen verkaufen auch Mittel zur Schädlingsbekämpfung. Sie wissen genau, dass der Benutzer des Düngemittels sehr wahrscheinlich auch diese Mittel benötigen wird.

Viele dieser Produkte sind äußerst giftig und in ihren Herstellungsländern schon seit Jahren verboten. Die großen Firmen wollen aber ihr Geschäft nicht verlieren, deshalb bringen sie all das Gift zu uns und behaupten, es sei „Fortschritt". Das ist ein absoluter Betrug! Und unsere Regierungen unterstützen das auch noch, indem sie die Düngemittel in die

Gemeinden schicken, und zwar so lange, bis der Boden sich daran gewöhnt hat und dermaßen nährstoffarm geworden ist, dass er ohne dieses Zeug nichts mehr produziert. Und dann kratzen die Bauern selbst ihr bisschen Geld zusammen, und kaufen das, bis sie verschuldet sind.

Wir haben so viel zurückzuerobern, wir müssen noch so viel lernen. Es heißt, dass zur Zeit der Inkas kein Hunger existierte. Nicht nur, dass der gesamte *Ayllu*, also sämtliche Gemeinden, versorgt werden konnte, es gab auch noch genug, um enorme Speicher zu füllen, um Rücklagen für Notfälle zu haben. Und wir? Was machen wir? Wir müssen alle Äcker retten, die noch gesund sind, und die übrigen wieder zurückgewinnen. Wie in allen Bereichen so müssen wir auch in der Landwirtschaft wieder von unseren Vorfahren lernen. Wir können auch moderne Studien zu Rate ziehen, und auf Erfahrungen von anderen Orten zurückgreifen, wo man natürliche Anbauformen wiedereingeführt hat. Es gibt natürliche Mittel aus Kräutern zum Düngen und zur Schädlingsbekämpfung; wir alle könnten das lernen.

Unsere Schwester Maritza Marcavillaca aus der Gemeinde Urquillos (Provinz Urubamba) führt schon seit einigen Jahren in mehreren Gemeinden ihres Distrikts die sogenannte „Integrierte Schädlingsbekämpfung" durch. Wir würden gerne mehr von diesen wertvollen Erfahrungen hören, wir hätten gerne eine Unterweisung darin. Denn wenn wir entschlossen und vereint sind, können wir viele Dinge verändern.

Neben all diesem Wissen und den ökologischen Anbauformen, die ja sehr wichtig sind, wäre für mich die wichtigste Änderung, wieder mit unserer *Pachamama* zu leben, zu sprechen, zu essen, zu trinken und zu singen. Wir sollten ihr wieder Kokablätter anbieten und zulassen, dass sie selbst uns beibringt, in Harmonie und voller Respekt zu leben.

Mensch und Natur bilden eine Einheit

Wir müssen lernen, uns selbst zu lieben
Von Heilern und Geburtshelferinnen
Das öffentliche Erziehungssystem geht an
  unserer Realität vorbei
Die Sterilisierungskampagnen des
  Gesundheitsministeriums
Unterdrückung statt Behandlung
Kurse über traditionelle Andenmedizin

Ich persönlich habe bei meinen Vorträgen, Gesprächen und in den Kursen immer dem Thema der Gesundheit einen gewissen Vorrang gegeben. Vielleicht weil ich von meiner eigenen Lage ausgehe, von meiner Behinderung durch die Arthritis, und dadurch einen gesunden Körper und überhaupt die vollständige Gesundheit von Körper, Geist und Seele – ohne dass einen jemand schlägt, anschreit oder misshandelt – als ein hohes Gut ansehe.

Der psychische Zustand der Frau beeinflusst das häusliche Leben ziemlich stark. Wenn eine Frau fühlt, dass ihre tägliche Arbeit nicht gewürdigt wird, mag sie sich selbst nicht, pflegt ihren Körper nicht und lässt zu, dass die anderen mit ihr machen, was sie wollen. Wenn ihr Körper schwach ist, weil sie sich zum Beispiel nach einer Geburt nicht ausruhen konnte und nicht liebevoll behandelt wurde, dann leidet sie sehr und ihre Kinder auch. Eine Frau, die ihren Körper und ihre Arbeit nicht zu schätzen weiß, kann schwerlich ein gesundes Leben führen. Und wenn sie krank wird, wenn sie sich schlecht fühlt, dann erträgt sie das im Stillen, denn sie ist ja schon ans Leiden gewöhnt, und sie behandelt sich nicht beizeiten. Zwar sind die Frauen gewöhnlich die Heilerinnen im Haus, sie heilen ihre Kinder und ihre Familie mit Kräutern aus ihrer Gegend, doch sich selbst behandeln sie als allerletzte. Wir müssen lernen, uns selbst zu lieben.

Viele Frauen auf dem Land kennen sich etwas mit Heilpflanzen aus. Aber es ist trotzdem immer notwendig, einen Spezialisten in der Nähe zu haben, eine Heilerin oder einen Heiler, eine Geburtshelferin oder einen Geburtshelfer und auch einen Schamanen, der in unserer Sprache *Paqo* heißt.

Die Paqos heilen nicht nur die Menschen, sondern auch die *Pachamama*. Sie befinden sich in ständigem Kontakt mit allen geistigen Wesen. Viele Krankheitsfälle gehen auf ein Ungleichgewicht zurück, nicht nur im Inneren der Person, sondern auch zwischen der Person und ihrem Umfeld, das heißt zwischen ihr und der Natur, die sie umgibt. *Soq'a* und *Puqio* zum Beispiel sind Krankheiten, die ohne einen dieser Spezialisten kaum oder gar nicht geheilt werden können. Bei *Soq'a* handelt es sich um sehr alte Lüfte, die aus alten Bäumen, Höhlen oder unter Felsen herausströmen. Sie bewirken Schmerzen im ganzen Körper, Hände und Füße ziehen sich zusammen. *Puqio* sind Energien von Quellen, sie verursachen Wunden am ganzen Körper. Der Heiler behandelt sie mit Gebeten, *Despachos* und speziellen Zubereitungen verschiedener Kräuter.

In meiner Gemeinde gibt es etliche Personen, die zu heilen verstehen, aber ihre Kenntnisse sind nicht mehr so umfassend wie früher. *Paqos* gibt es keine mehr. Vor den Paqos hatte man großen Respekt. Sie waren wie Väter der Gemeinde und ihre Lebensführung musste vorbildlich sein. Gerade jetzt bräuchten wir sie sehr dringend. Aber heutzutage gibt es Beauftragte für Gesundheit, die von der Gemeinde gewählt und vom Gesundheitsministerium ausgebildet werden, um sich um die Bevölkerung zu kümmern. Ihre Ausbildung unterscheidet sich grundlegend von den Kenntnissen der Heiler. Die Heiler sind alte Leute, sie sterben nach und nach, ohne ihr Wissen an ihre Kinder weitergegeben zu haben. Sie sind enttäuscht, denn ihre Kinder interessieren sich nicht mehr dafür. Und nur in sehr seltenen Fällen suchen sie sich einen Nachfolger außerhalb der eigenen Familie.

Früher gab es in meiner Gemeinde auch eine Geburtshelferin, die von allen Frauen sehr geschätzt wurde. Seit sie verstorben ist, widmen sich nur noch Männer dieser Aufgabe. Das ist nicht dasselbe. Ein Mann kann nicht wirklich nachempfinden, was wir fühlen, es kann nicht dasselbe Vertrauen entstehen wie zu einer Frau. Zum Glück gibt es auch noch die Señora Anastasia, eine Geburtshelferin mit sehr viel Erfahrung, die im Distrikt Huarocondo arbeitet. Es wäre wirklich wichtig, dass es in jeder Gemeinde Geburtshelferinnen und Heilerinnen gibt.

Das Gesundheitsministerium hat seit einiger Zeit in allen Distrikten und auch in einigen Gemeinden medizinische Versorgungsstationen eingerichtet. In meiner Gemeinde existiert schon seit 1981 solch eine Station. Das ist einerseits gut, denn es kann Notfälle geben, oder Krankheiten, bei denen unsere Pflanzen nicht helfen. Doch es gibt viele Gründe, warum diese Stationen unsere traditionellen Heilerinnen und Geburtshelferinnen nicht ersetzen können.

Manchmal wohnen die Patienten sehr weit von den medizinischen Versorgungsstationen entfernt und müssen stundenlange Fußmärsche oder Pferderitte auf sich nehmen, um sich behandeln zu lassen. Für viele Familien sind auch die Kosten für Arztbesuch und Medikamente zu hoch. Aber das größte Problem ist, dass die Ärzte und Krankenschwestern in der Stadt eine westliche Wissenschaft studiert haben, die mit unserer Realität kaum etwas zu tun hat. Sie fühlen anders und denken anders, oftmals können sie unsere Leiden gar nicht verstehen. Die Tabletten, die sie uns verschreiben, sind stark und teuer. Viele Leute auf dem Land können sie gar nicht bezahlen. Und da sie es ohnehin nicht gewohnt sind, Medizin einzunehmen und auch die Anweisungen nicht gut verstehen, so nehmen sie sie oft gar nicht ein, oder aber sie nehmen alles auf einmal, und das ist schädlich für sie.

Wenn eine Frau zum Arzt sagt: „Mein Söhnchen hat Durchfall, weil es sich erschrocken hat", dann machen sie sich darüber lustig, beschimpfen sie als schmutzig, und geben ihr Tabletten gegen Durchfall, so als ob sie dem Kind damit wirklich helfen würden. Die Ärzte wissen nicht, dass Körper und Geist eine Einheit bilden, dass Mensch und Natur eine Einheit bilden. Sie wollen immer nur einen kleinen Teil heilen.

Bei einem Knochenbruch legen die Ärzte einen Gips an. Aber der Gips ist kalt und erlaubt keine schnelle Heilung. Mit den Kräuterwickeln unserer Knochenheiler heilt der Bruch viel besser und auch viel schneller, denn die Kräuter saugen den Stoß auf.

Ebenso verhält es sich mit der Geburt. Die armen Frauen werden von ihrem Partner getrennt, müssen sich rücklings auf ein kaltes Bett legen und die Beine auseinanderspreizen und man lässt sie viel leiden, um das Kind auf die Welt zu bringen, sie werden beschimpft, bekommen Tabletten und Spritzen, denn man meint, anders ginge es nicht. Die Mediziner wissen nicht, dass eine Geburt viel einfacher und überhaupt keine Spritze vonnöten ist, wenn die Frau dabei kniet, gut zugedeckt ist und spezielle Kräuteraufgüsse bekommt. Beim Lesen der Kokablätter erhält man darüber Auskunft, welches Kraut für die Frau richtig ist und wie in ihrem speziellen Fall geholfen werden kann.

Es wäre gut, wenn die Ärzte und Krankenschwestern all diese Dinge lernen würden, um den Leuten dann wirklich zu helfen. Sie müssen auch lernen, uns zu respektieren und gut zu behandeln, ohne Beschimpfungen und Beleidigungen, ohne uns anzuschreien. Und sie sollten in unserer Sprache zu uns sprechen, und nicht auf Spanisch, denn das können viele Frauen ja gar nicht verstehen.

Sie müssen uns die notwendigen Dokumente problemlos aushändigen. So wollen sie zum Beispiel oftmals keine Geburtsurkunde ausstellen, wenn das Baby zu Hause geboren wurde. Auf diese Weise wollen sie die Schwangeren dazu zwingen, in der Krankenstation zu entbinden. Sie zwingen die Frauen auch dazu, jeden Monat zur Vorsorgeuntersuchung auf die Station zu gehen, Vorsorgeuntersuchungen seitens einer Hebamme werden nicht anerkannt. Das ist auch eine Form der Erniedrigung. Sie versuchen, eine Abhängigkeit von der Krankenstation zu erzeugen.

In sehr abgelegenen Gegenden schaffen sie das nicht, aber

Quechua-Familie bei der Kartoffelernte im Hochland nahe Paucartambo

Blick in das Wohnzimmer einer reichen Familie in Lima

Hände einer Quechua-campesina im Hochland

Hilaria in Urubamba im Juni 2001

Elendsviertel in einem Außenbezirk von Lima

Cocabäuerin bei Quillabamba in der Provinz Vilcabamba

Arequipa mit dem Vulkan El Misti im Hintergrund

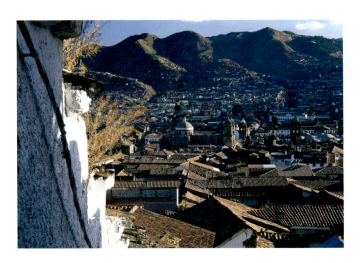

Blick auf die Dächer von Cuzco

in Gegenden, wo es keine Heiler und Geburtshelferinnen mehr gibt, ist die Abhängigkeit so gut wie total. Dort wissen sich die Frauen nicht mehr zu helfen, wenn ihr Kind krank wird. Das Personal der Stationen hat sehr viel Macht. Das geht sogar so weit, dass sie unsere Schwestern zur Sterilisierung zwingen.

Im Jahr 1997 hörte ich es zum ersten Mal, und danach haben mir ständig mehr Frauen erzählt, dass man sie zur Eileiterdurchtrennung gezwungen hat, oder dass sie wegen irgendeiner Untersuchung oder mit einem kranken Kind zur Station gingen, und dort sterilisiert wurden, ohne überhaupt nach ihrer Meinung gefragt zu werden. Eine Schwester aus dem Distrikt Mollepata hat mir zum Beispiel Folgendes berichtet:

> *Ich kam zur Station, weil mein Sohn krank war. Dort sperrten sie mich in einem Raum ein, in dem schon weitere Frauen waren. Sie holten dann jeweils zwei von uns in einen anderen Raum, und sagten uns, dass sie eine Eileiterdurchtrennung durchführen würden, dass das sehr gut wäre, um nicht so viele Kinder zu haben. Ich wollte nicht, weil ich auch nicht so recht wusste, wie das alles vor sich gehen würde. Aber es gab keine Möglichkeit zu entfliehen. Als sie mir die Spritze gaben, fühlte ich mich sehr müde und hatte keine Kraft mehr. Ich lief nicht mehr weg, und als ich aufwachte, hatten sie es schon gemacht.*[13]

Um sich die Frauen gefügig zu machen, griffen sie auf die Unterestützungsprogramme zurück: Wer die Sterilisierung nicht zuließe, würde keine Lebensmittelspenden mehr bekommen, hieß es. Sie boten Lebensmittel und sogar Geld an. Sie erfinden Gott sonst was, um die Frauen zu betrügen und ihre Ziele zu erreichen. Und was sind ihre Ziele?

---

[13] Dabei handelt es sich beileibe nicht um einen Einzelfall, wie der nach zahlreichen Klagen – v. a. aus den Dörfern Mollepata, Limatambo und Ancahuasi – und auf Druck Hilarias und ihrer Mitstreiterinnen erstellte Untersuchungsbericht des Gesundheitsministeriums anhand von 331.600 Frauen dokumentiert (Anm. d. Lektorin).

Es ist unglaublich, aber wahr, dass die Regierung von Alberto Fujimori von ihren Amtsstuben aus genau durchgeplant hat, wie viele Frauen in jeder Provinz welches Mittel der Familienplanung benutzen sollten, wie viele sich zum Beispiel eine Kupferspirale einsetzen und wie viele eine Eileiterdurchtrennung mit sich machen lassen sollten. Es gibt eine durchgeplante Statistik dazu, und diese Vorgaben wurden vom Ministerium an alle Gesundheitsstationen verteilt. Die Ärzte mussten sie unter Strafandrohung erfüllen. Der Staat drohte dem Gesundheitspersonal damit, die Arbeitsverträge nicht zu verlängern, es nicht zu befördern oder der jeweiligen Station, bei der sie arbeiteten, bestimmte Mittel zu beschneiden. Und die Ärzte und Krankenschwestern zogen es vor, die Vorgaben auf welche Weise auch immer zu erfüllen, um ihre persönlichen Interessen und die ihrer Familien nicht aufs Spiel zu setzen. Also bedrohten sie ihrerseits die ärmsten der Frauen, die Bäuerinnen, die Analphabetinnen, eben all diejenigen, die leicht zu betrügen sind.

Ich möchte auch gar nicht so sehr den Ärzten die Schuld geben, denn ich weiß ja, dass die Hauptschuld bei der Regierung liegt. Aber da die Ärzte ein hohes Bildungsniveau haben, hätten sie doch ein bisschen nachdenken können, hätten sie doch merken können, bei welcher schmutzigen Sache sie da mitmachten. Es gab einige Ärzte, die trotz der Drohungen ihre berufliche Würde bewahrten. Das ist wie wenn man einem Soldaten befiehlt: „Töte!" Und der Soldat, der seinen Vorgesetzen gehorchen muss, tötet. Und egal ob er das nun so wollte oder nicht, er ist dann auf jeden Fall ein Mörder.

Sie merken nicht, dass das, was die Regierung „Familienplanung" nennt, in Wirklichkeit Indígena-Planung ist. Sie wollen die Indígena-Familien planen, weil es ihnen nicht in den Kram passt, dass es viele Indígenas gibt, denn diese könnten sich eines Tages auflehnen. Anstatt ein gerechteres System zu schaffen, wo es für alle Raum gibt, ist es einfacher für die Regierung, die indigene Bevölkerung zu reduzieren. Die Wissenschaftler nennen so etwas „Genozid", andere nennen es „Verletzung der Menschenrechte".

Wir haben ein Recht darauf, darüber informiert zu werden, welche Methoden der Empfängnisverhütung es gibt. Wir möchten gerne darüber informiert sein, weil es uns durchaus interessiert, was man tun kann, um weniger Kinder zu bekommen. In den Gesundheitsstationen werden wir regelmäßig beschimpft: Wir seien wie Meerschweinchen, die ständig Junge zur Welt brächten, ohne überhaupt nur nachzudenken. Aber wir sind nicht so, wie sie sagen! Wir sind nicht wie Meerschweinchen!

Viele Frauen hätten gerne etwa drei oder vier Kinder, statt sieben oder acht. Sie sollen die Kinderanzahl haben, die sie selbst bestimmen, und nicht die, die der Staat vorschreibt. Der Staat bringt es fertig, heute die Bevölkerung zu reduzieren, und danach, wenn er mehr Leute braucht, zum Beispiel für einen Krieg, uns Tabletten zu geben, damit wir mehr Kinder zeugen. Für diese Leute sind wir Objekte, sie betrachten uns nicht als Personen.

In Peru gibt es viele Pflanzen, die die Frauen nahmen und auch noch nehmen, um sich zu schützen. Eine Schwester aus der Gemeinde K'anaqchimpa erzählte mir Folgendes:

Wenn ich meine Periode habe, nehme ich jeden Morgen auf nüchternen Magen einen Aufguss aus Hamp'irosas. Wenn sie zu früh oder zu spät kommt, nehme ich etwas mehr davon, so reguliert sie sich wieder. Als eines Tages eine Krankenschwester kam und mich mitnehmen wollte, um die Eileiterdurchtrennung zu machen, habe ich ihr geantwortet: „Nein, Frau Doktor, ich kann mich gut selber schützen. Sie wurde böse und sagte: „Dann will ich dich überhaupt nicht in der Station sehen. Komm da bloß nicht angetanzt!" „Macht nichts, ich gehe da sowieso nie hin", erwiderte ich. Und auf diese Weise habe ich mich acht Jahre lang geschützt. Dann bekam ich noch ein Kind, aber nur deshalb, weil mein Mann das wollte, sonst hätte ich es nicht bekommen.

Das Problem besteht darin, dass viel Wissen verloren gegangen ist. Manche Frauen erinnern sich noch an einige Pflanzen, die gut sind, aber sie wissen nicht mehr, welche Menge man davon in welchem Moment nehmen muss. Wer uns noch viel über das Thema beibringen kann, sind unsere Schwestern aus dem Urwald. Ein Projekt zur Erforschung dieser Pflanzen und zur Verbreitung der Kenntnisse aus dem Urwald wäre wirklich notwendig. Das wäre für alle Frauen hilfreich, nicht nur für die Landbewohnerinnen, denn so könnte die Kinderzahl kontrolliert werden, ohne dabei die Frauen zu misshandeln

Und wenn eine Frau zur Station geht, um sich über künstliche Verhütungsmittel zu informieren, so ist es völlig inakzeptabel, dass sie diesen Anlass nutzen, um die Frau zu hintergehen. Hier gebe ich wieder, was eine Schwester aus meiner Gemeinde mir berichtet hat:

Im Jahr 1997 kam eine Krankenschwester zu mir nach Hause und sagte mir, dass ich besser keine weiteren Kinder mehr bekommen sollte, und dass sie ein sicheres Mittel dazu kennen würde. Ich war interessiert zu erfahren, was das denn wohl für ein Mittel sei, und ging mit ihr auf die Krankenstation, damit man es mir erkläre. Mein Mann wollte nicht, dass ich dorthin ginge, aber ich wollte mich informieren und ging. Sie führten mich direkt in den Operationsraum und haben mir überhaupt nichts erklärt. Jetzt, drei Monate später, fühle ich meinen Körper immer noch brennen, mein Kopf schmerzt und ich habe nicht mehr dieselbe Kraft wie vorher. Ich ging noch mal zur Station, um mich untersuchen zu lassen, aber man sagte mir: „Warum kommst du ohne Geld?" Und sie taten nichts. Sie sagten einfach, ich hätte gar nichts. Mein Mann schimpft mit mir: „Verdammt! Zuerst hörst du nicht auf mich, und dann willst du auch noch mein Geld ausgeben. Du denkst ja nur an dich selber. Wenn du jetzt stirbst, wer kümmert sich dann um unsere Kinder?" Ich sagte ihm: „Wenn ich heute nicht sterbe, dann sterbe ich eben morgen. Da kann man nichts machen."

Ich erfuhr so viele traurige und unglaubliche Erfahrungsberichte von Frauen, die mir ihre Geschichte anvertrauten und die unter all den körperlichen und psychischen Folgen der Sterilisation leiden, wie zum Beispiel, dass sie von der Gemeinschaft geschnitten werden, weil sie gegen die Prinzipien der Frau verstoßen haben, und sogar Trennungen, weil der Partner eifersüchtig ist, denn viele Männer glauben, dass sich die Frau absichtlich sterilisieren lässt, um mit einem anderen Mann zusammen sein zu können. Da konnte ich nicht mehr schweigen!

Ich denunzierte diese Vorfälle beim Komitee von Lateinamerika und der Karibik für die Verteidigung der Rechte der Frau (= CLADEM). Dort waren bereits Anzeigen aus so gut wie allen Departements des Landes eingegangen, und zwar zu sehr schweren Fällen, einige sogar mit tödlichen Folgen. Die Anwältin Giulia Tamayo führte die Untersuchung durch, wobei sie unangenehme Befragungen von Regierungsinstitutionen ertragen musste. Ich fuhr zusammen mit der Krankenschwester Libia Pinares und anderen Organisationsleiterinnen in die Gemeinden, um Zeugenaussagen aufzunehmen. Als Ergebnis erschienen ein Buch und ein Video mit dem Titel: *Nada personal*[14] (Nichts Persönliches). Ich hätte gerne, dass alle dieses Buch lesen, damit sie erfahren, wie unsere Realität aussieht. Es wurde auch Anzeige beim Anwaltsbüro des Volkes (Ombudsmann) erstattet und die Tageszeitung *El Comercio* von Lima über die Vorgänge unterrichtet.

Während all dieser Zeit waren wir Frauen, die die Untersuchungen durchführten und auch die, die die Anzeigen un-

---

[14] Der Film *Nada personal* (Regie Carlos Cárdenas) wurde unter Mitwirkung von Giulia Tamayo und Raquel Cuentas 1999 für das Comité de América Latina y el Caribe para la Defensa de los Derechos de la Mujer (CLADEM) produziert. Der zugehörige schriftliche Bericht wurde Mitte 1999 von Giulia Tamayo unter dem Titel *Nada personal. Reporte de derechos humanos sobre la aplicación de la anticoncepción quirúrgica en el Perú* veröffentlicht. Siehe auch Raquel Hurtado, *Anwendung chirurgischer Empfängnisverhütung als Bevölkerungspolitik in Peru und Menschrechtsverletzungen: eine Analyse aus Geschlechterperspektive*, Lima 2000. Ebenso Maria-Christine Zauzich, *Bevölkerungspolitik und Menschenrechte. Journalistische Untersuchung zur Situation in Peru*, in: Schriftenreihe Gerechtigkeit und Frieden, Bonn 2000 (Anm. d. Lektorin).

terschrieben, diversen Repressalien ausgesetzt: Hausdurchsuchungen zwecks Beschlagnahmung von Informationsmaterialien, Telefonabhörungen, Überwachung der Landstraßen durch Agenten des Geheimdienstes, Weigerung der Krankenstationen, uns zu behandeln, Ausschluss von der Teilnahme an Kursen. Die neue Krankenschwester von Huayllaqocha verbot den Frauen an Bildungsveranstaltungen teilzunehmen, die nicht von der Krankenstation organisiert worden waren, sie drohte ihnen an, sie andernfalls nicht zu behandeln. Sie ging sogar in die Häuser, um den Frauen zu sagen, dass man wegen der Anzeige die Station schließen werde, dass sie den Prozess verlieren würden und den Schaden, den sie wegen all des Tumults (wegen der Sterlilisierungen) verursacht hatten, mit ihren Tieren zu bezahlen hätten.

So kam es, dass meine Mitstreiterinnen und ich die ganze Gemeinde gegen uns hatten. Da schon mehrmals Untersuchungskommissionen zu mir nach Huayllaqocha gekommen waren, manche sogar aus dem Ausland, redeten sie noch übler von mir. Die Krankenschwester sagte den anderen: „Na seht doch, da kommen schon die Gringos und bringen Hilaria Geld. Davon lebt sie ja. Ihr seid ja blöd, Aussagen zu machen, damit sie davon profitiert."

Ich hatte sogar bei der Regierung in Lima gefordert, dass Frauen, bei denen der Eingriff zu Komplikationen geführt hatte, kostenlos behandelt würden. Das Ministerium in Lima leitete den Antrag zum Krankenhaus von Anta zurück, denn dort liegt die Verantwortung auf Provinzebene. Aber die Leute dort waren gleichzeitig auch die Auslöser des Problems. Daher gab es in der Folge statt medizinischer Behandlung nur Repression.

Die Repression war so stark, dass die Frauen der Breiten Bewegung (Movimiento Amplio de Mujeres = MAM) bis zum Gesundheitsministerium in Lima zogen und Sicherheit für uns alle einforderten. Hilfe erhielten sie dabei von vielen Frauen der *pueblos jóvenes* (Elendsviertel), denn diese leiden unter ähnlichen Problemen und solidarisierten sich deshalb mit uns. Wir sind sehr dankbar für diese wertvolle Unterstützung von unseren Schwestern. Auch Dr. Silvio Campana vom Anwaltsbüro des Volkes (Ombudsmann) in Cuzco gab uns Rückendeckung: Er gab Kommuniqués aus, nahm Anzeigen auf, besuchte betroffene Gemeinden und organisierte Bildungsveranstaltungen. Frau Dr. Rocío Villanueva, Frauenbeauftragte des Anwaltsbüros des Volkes in Lima unterstützte uns ebenfalls.

Im Mai 1999 wurde ich von der Organisation CLADEM nach Lima eingeladen (zwei Tage vor der Vorstellung des Buches und des Videos *Nada Personal*, um dort zusammen mit Frau Dr. Giulia Tamayo interviewt zu werden, wobei auch die Journalistin María Ester Mogollón, Paulina und Herr Dr. Parra, Chefarzt für Familienplanung auf nationaler Ebene, anwesend sein würden. Auf der Gesundheitsstation in Huayllaqocha wussten sie immer genau, wann ich die Gemeinde verließ und wohin ich fuhr, also fehlte es auch diesmal nicht an Klatschmäulern, die dort meldeten, dass ich nach Lima gereist war. Das nutzte die Krankenschwester sofort aus. Ihr Plan war, die Frauen meiner Gemeinde, die die Anzeige unterschrieben hatten, zu filmen; sie sollten vor laufender Kamera widerrufen, dass die Sterilisierungen irgendwelche problematischen Folgen hätten. Die Frauen entwischten und versteckten sich auf ihren Feldern, um nicht gefilmt zu werden. Da holten sie sich irgendeine Frau aus der Gemeinde, die dann auf die drängenden Fragen der Krankenschwester sehr nervös antwortete, dass die Eileiterdurchtrennungen freiwillig seien, dass es allen sterilisierten Frauen gut ginge und dass Hilaria lügen würde.

Von all dem wusste ich natürlich nichts, denn ich war ja in Lima. Eines Morgens hatten wir eine Unterredung mit Herrn Dr. Parra, der uns sehr freundlich empfing und sich dazu bereit erklärte, Lösungen zu suchen. Er zeigte sich sehr überrascht von der Realität, die wir ihm darlegten. Wir hatten den Eindruck, dass er das Ausmaß des Problems verstand und dass er seine Versprechen ernst meinte.

Aber am nächsten Tag, als *Nada Personal* vorgestellt wurde, sagte Dr. Parra, dass sie als Vertreter des Ministeriums auch ein Video zeigen wollten. Dann wurde das Video vorgeführt, auf dem sie die Frau aus meiner Gemeinde gefilmt hatten. Die meisten Leute im Saal merkten, dass es sich hierbei um eine Erpressung handelte, die vom Ministerium hergestellt worden war. Sie protestierten indem sie so laut pfiffen, dass Dr. Parra persönlich das Video nach der Hälfte ausschalten ließ.

Aber damit nicht genug, die Erpressung war so gut geplant worden, dass sich nach meinem Vortrag die gegenwärtige Generalsekretärin der FEMCA erhob, die sich – ohne dass ich etwas davon gemerkt hatte – zusammen mit dem Chefarzt des Krankenhauses von Anta im Saal befand. Sie gab sich dazu her, das gesamte Problem, für dessen Behebung wir uns einsetzten, zu leugnen. Auf diese Weise verriet sie ihre eigenen Schwestern, die sie gewählt hatten, um ihre Rechte zu verteidigen. Auch sie wurde unter Pfiffen und Protesten zum Schweigen gebracht. Aber weder ich noch irgendein anderer Teilnehmer hatten die Geistesgegenwart, nach der Videokamera zu verlangen, um ihre Worte aufzunehmen. Ich war wie gelähmt angesichts dieses ungeheuren Verrats. Es war einfach unglaublich mit anzusehen, wie die Falschheit und Korruption der Regierung sich in allen Instanzen zeigte, von der obersten bis zur untersten.

Trotz all dieser Vorfälle wurde diese Frau nach ihrer Rückkehr weiterhin vom Ministerium unterstützt. Sie bekam ein Motorrad, um beweglicher zu sein, und fuhr dann von Gemeinde zu Gemeinde. Dort sammelte sie unter Drohungen Unterschriften für ein Schreiben, in dem stand, dass die Eileiterdurchtrennung freiwillig wäre und keinerlei Schäden verursacht hätte. Gleichzeitig behauptete sie, dass ich an jeder Frau, die ich verteidigte, fünf Dollar verdienen würde, und dass man wegen mir die Station schließen werde. Die meisten unterschrieben, denn sie wollten endlich ihre Ruhe haben. Sie dachten: „Es ist ja schon passiert. Was können wir da noch tun? Wir wollen nicht noch mehr Probleme".

Für mich war es schrecklich, dass sie die Frauen gegen ihre eigenen Landsleute verwendeten. Oberflächlich betrachtet handelten sie gegen meine Person, doch in Wirklichkeit handelten sie gegen die betroffenen Frauen. Zwar gibt es sicher einige Frauen, die sich freiwillig der Operation unterzogen haben, oder bei denen es nicht zu Komplikationen gekommen ist, aber bei den allermeisten war das nicht so. Und für diese setzte ich mich ein, nicht für mich, sondern für sie, die infolge des Missbrauchs an ihrem Körper unter allem Möglichen zu leiden haben. So funktionierte die Regierung von Alberto Fujimori, mit falschen Behauptungen, mit Verrat und Geld.

Einen Monat später, im Juni, schickten sie uns eine Ärztin, die die betroffenen Frauen untersuchen sollte. Das Ergebnis war aber, dass diese nichts hatten, keinerlei Komplikationen. Sie mussten ein Dokument unterschreiben, auf dem stand, dass sie nichts hatten. Und was ist mit denen, die Schmerzen haben, die sich schlecht fühlen, die nicht mehr dieselbe Kraft haben? Das zählt nicht? Die Ärztin sagte ihnen, dass all ihre Leiden nichts mit der Sterilisierung zu tun hätten, selbst wenn sie direkt nach der Operation aufgetreten seien. Sie sagte den Frauen, dass sie krank geworden wären, weil sie dreckig seien. Solche Kontrollen müssen von einem unabhängigen Spezialisten durchgeführt werden und nicht von einem Arzt des Ministeriums, der niemals die Wahrheit sagen wird. Außerdem sind die Komplikationen oftmals nicht körperlicher sondern psychischer Natur.

Für mich war es sehr hart mit anzusehen, wie seit Beginn der ersten Zeugenaussagen der Frauen bis hin zur Durchführung der Untersuchungen und der Beantragung von Unterstützung viel Zeit verging und die Lage sich noch verschlimmerte. Ich hätte den betroffenen Frauen gerne sofort geholfen, aber die ganze Angelegenheit brauchte viel Geduld. Die Frauen hielten mich für verantwortlich und beschwerten sich bei mir. Erst vor kurzem, im Jahr 1999, bekamen wir eine von Frau Dr. Giulia Tamayo beantragte Unterstützung der englischen Nichtregierungsorganisation OXFAN, die darin bestand, dass Frauen mit körperlichen Folgen des Eingriffes medizinisch betreut wurden. Wir sind auch Dr. Jorge Valdivia sehr verbunden, der die schlimmsten Fälle in seiner Praxis behandelte und später dann selbst in die Gemeinden fuhr, um die übrigen Frauen zu betreuen. Da die Leistungen der Nichtregierungsorganisation nicht für alle Behandlungen reichten, hat Frau Dr. Giulia angesichts des schlimmen Zustands der Frauen sogar aus ihrer eigenen Tasche einen Beitrag geleistet.

Die Anträge von CLADEM zur Verurteilung der Schuldigen sind noch in Bearbeitung und es ist sehr schwierig, etwas zu erreichen. Hoffentlich achten sie darauf, dass diese Fälle nicht zu den Akten gelegt werden, denn neben der himmlischen Gerechtigkeit muss es auch hier im *Kay Pacha* Gerechtigkeit geben.[15]

Ein Erfolg ist immerhin, dass die Anzahl der Sterilisierungen in meiner Provinz seit dem Jahr 1999 erheblich gesunken ist. Das liegt daran, dass das Thema bekannt geworden ist, und zwar dank der mutigen Mitarbeit betroffener Frauen, die trotz der Drohungen aussagten. Vorher wusste keine Frau vom Land, was eine Eileiterdurchtrennung ist und dass diese nicht rückgängig gemacht werden kann. Jetzt wissen es die meisten und sind auf der Hut. Andere haben inzwischen jegliches Vertrauen in die Gesundheitsstationen verloren und gehen da nicht mehr hin, was auch nicht ideal ist, denn dann bekommen sie keine medizinische Versorgung in Fällen, in denen sie es wirklich brauchen. Die Gefahr des Betrugs besteht immer noch für Gemeinden, die sehr abgelegen und Ziel von zukünftigen Kampagnen sind, welche jetzt schon geplant werden. An diesen Orten wird man die Frauen ebenso überraschen wie früher uns. Sie kennen ihre Rechte ebensowenig wie wir und haben noch keinen Schimmer davon, was man da mit ihnen vorhat.

---

[15] Dieser Wunsch hat sich bisher nicht erfüllt. Zwar wurde auf Grund des Untersuchungsberichts des Gesundheitsministeriums 2002 gegen Fujimori und seine zynischen Helfer ein Prozess wegen Genozids und Verbrechen gegen die Menschlichkeit angestrengt, doch wurde dieser vom Ständigen Gesetzgebenden Ausschuss wieder gestoppt. In der Zwischenzeit wurden wichtige Akten vernichtet; Fujimori befindet sich in Japan im selbstgewählten Asyl und ergeht sich in Eigenlob: Zum ersten Mal hätten sich unter seiner Regierung Peruanerinnen für eine selbstbestimmte Mutterschaft entscheiden können. Vergleiche auch Françoise Barthélémy, „Gut verkauft, schlecht gemeint" in *Le Monde Diplomatique* vom 15.4.2004 (Anm. d. Lektorin).

Viele Fälle kommen jetzt erst ans Licht. So weigerten sich zum Beispiel die Ärzte hartnäckig anzuerkennen, dass die Todesfälle eine Folge der Sterilisierungen seien. Man erzählte mir auch von einer Gemeinde in der Provinz Espinar, wo ausnahmslos sämtliche Frauen sterilisiert worden waren. Weder mit Geld noch mit sonst irgendeiner Hilfe werden sie den Schaden reparieren können, den sie diesen Leuten zugefügt haben.

Im Zeitraum von 1995 bis 1998 führten wir im Rahmen eines Abkommens zwischen der FEMCA und dem Zentrum für Andenmedizin in einigen Distrikten und Gemeinden unserer Provinz Kurse durch, mit denen wir – wenn auch nur als Tropfen auf den heißen Stein – zu dem riesigen Bedarf an Bewusstseinsbildung und Ausbildung der Frauen beitragen wollten.

Jetzt kann man sich natürlich fragen, warum es gerade in diesen Jahren noch mehr Mißbrauch in den Gemeinden gab. Wir haben erst vor kurzem und nach und nach über die Klagen der Frauen mitbekommen, dass es sich um eine genau geplante Kampagne handelte. Sie waren in jeder Gemeinde präsent, gingen von Haus zu Haus, hatten riesige Budgets zur Verfügung, während wir nur in einigen Gemeinden tätig waren. Und so konnten sie vorübergehend die Oberhand über uns gewinnen.

Die Ausbildungsarbeit ist wie ein Samenkorn, das wir säen und das in den Frauen selbst heranreifen muss. Wir zwingen niemanden zu etwas, drohen niemandem, sondern versuchen nur, zum Nachdenken anzuregen und Alternativen bereitzustellen.

Auf diesem Weg konnten wir sehr wertvolle Erfahrungen mit Herrn Doktor Jorge Valdivia aus Cuzco austauschen. Er gibt ein gutes Beispiel, wie ein praktischer Arzt mit den Heilern der Gemeinden zusammenarbeiten kann. Dabei zeigt er nicht nur Respekt für unsere Kultur, sondern ebenso für uns als Personen, und besonders für die Frauen.

Auch mit der Krankenschwester Libia Pinares vom Zentrum für Andenmedizin findet ein fruchtbarer Austausch statt. Sie kommt in unsere Gemeinden um zu lehren und gleichzeitig zu lernen, sie teilt wirklich ihr Wissen mit uns, und zwar zum Nutzen für uns alle. Mit ihr zusammen frischen wir die Erinnerungen an die Heilpflanzen unserer Gegend wieder auf und erfahren, wie sie uns helfen können, um einige bei uns sehr verbreitete Krankheiten zu heilen, nämlich Durchfälle, Atemwegserkrankungen, Frauenkrankheiten und Hauterkrankungen.

Auch Gewalt, Selbstachtung und ökologischer Anbau wurden in den Kursen behandelt, all diese Themen stehen direkt mit unserer Realität in Zusammenhang. Insgesamt haben wir mehr als 100 Veranstaltungen in Distrikten und Gemeinden von Anta durchgeführt, wobei uns das Zentrum für Andenmedizin, der Weltgebetstag (Deutschland) und auch befreundete Privatpersonen unterstützten.

Wir haben uns sehr darüber gefreut, dass nach und nach auch einige Männer an diesen Kursen teilnahmen. So konnten wir eine gemeinsame Arbeit durchführen, die zwar von den Frauen ausging, aber beide Geschlechter respektierte. Nehmen zwei Ehepartner an einem Kurs teil, so können sie später, wenn sie allein im Haus sind, darüber sprechen, was sie erfahren haben, und es gemeinsam in die Praxis umsetzen.

Im praktischen Teil der Kurse lernten wir, wie man verschiedene Sirups, Färbemittel oder Cremes zubereitet, mit Stoffen, die für uns leicht zugänglich sind. Diese Arzneien sind sehr wirksam und sehr leicht herzustellen.

Wir müssen lernen, uns selbst zu schätzen und über unseren Körper selbst zu bestimmen. Lernen wir doch, gesünder zu leben! Lernen wir, uns mit dem, was wir bereits besitzen, selbst zu helfen!

Falsche Traditionen

Aufwachsen unter dem Einfluss des Alkohols
Wo liegt der Ursprung des Problems?
Der Alkohol ist die schlimmste Droge
Auf der Suche nach einem würdigen Leben
Der Wandel kann von den Frauen ausgehen

Wenn man mich fragen würde, was derzeit das größte Problem in unseren Gemeinden ist, so würde ich antworten: „Der Alkoholismus".

Es ist schwer zu sagen, wie viele Alkoholiker es in unseren Gemeinden gibt. Mir scheint, dass die meisten Leute der Generation, die vor der Landreform auf den Haciendas groß wurden, zu dieser Gruppe gehören oder bereits an den Folgen des Alkoholismus gestorben sind. Aus der nachfolgenden Generation sind viele dem schlechten Beispiel der Älteren gefolgt. Sie denken, dass das Leben eben so ist, denn seit sie auf der Welt sind, haben sie nichts anderes kennen gelernt. Viele von ihnen haben schon im Bauch ihrer Mutter Alkohol zu sich genommen, und dann als Baby das Maisgetränk *Chicha* „mit Schuss" bekommen, damit sie ruhig bleiben. Die Jungen lernen, dass man trinken muss, um arbeiten zu können und Kraft zu haben; so wachsen sie auf. Aber es gibt auch junge Leute, die besser auf sich aufpassen, denn sie haben ihre Eltern und Onkel sterben sehen und all die Probleme mitbekommen – doch das ist sehr schwierig.

Die Großgrundbesitzer gaben ihren Landarbeitern absichtlich Alkohol, um sie so gefügiger und abhängiger zu machen. Wenn eine Person erst mal abhängig ist, ist sie zu allem bereit, um etwas zum Trinken kriegen zu können: Sie verkauft oder tauscht, was sich im Haus befindet, egal ob es nun Hühnereier oder halb abgebrannte Kerzen sind, sie verpfändet ihr

Eigentum, sogar Felder und Vieh. Es war also sehr einfach, die Indígenas mit Hilfe des Alkohols zu beherrschen.

Es ist auch auffällig, dass bei den katholischen Festlichkeiten so viel gesoffen wird. Unsere authentischen Feste haben sie uns untersagt und uns statt dessen ihre Heiligen und Jungfrauen aufgezwungen. Und diese neuen Feste sind nur dazu da, sich vollaufen zu lassen und alles zu vergessen. Die Großzügigkeit des *Mayordomo* wird in Bierkästen gemessen.

Das alles führt dazu, dass die religiösen Sekten viel Zulauf bekommen, denn ihre Anhänger trinken nicht. Und diejenigen Leute, die Saufereien ablehnen, laufen zu ihnen über und bezahlen das mit ihrer Identität. Denn die Sekten verbieten nicht nur das Trinken, sondern auch die alten Zeremonien, Tänze und Lieder, die sich noch erhalten konnten.

Früher kauten alle Koka um zu arbeiten, sie luden sich auch zum Kokakauen ein, wenn es etwas Wichtiges zu besprechen gab. Denn die Koka ist heilig und gibt den Worten mehr Gewicht. Heutzutage gibt es in meiner Gemeinde nur noch wenige, die Koka kauen. Sie sagen, das würden nur die „hinterwäldlerischen Indios" tun, und sie wollen ja Mestizen sein, keine Indios. Wenn sie also jemanden um etwas bitten wollen, wenn sie Probleme besprechen, arbeiten, oder ein Fest besuchen, nehmen sie immer etwas Alkohol mit. Wenn sie gerade Geld haben, kaufen sie Bier.[16] Sogar die Autoritäten tun das, und machen so dem Volk das Trinken alkoholischer Getränke vor. Weder das Bier noch der hochprozentige Alkohol sind mit dem Kokablatt vergleichbar. Das Kokablatt hält den Kontakt zwischen menschlichen Wesen aufrecht, und auch zwischen Menschen und Göttern. Darüber hinaus hilft es uns, schwierige Entscheidungen zu treffen und etwas über Krankheiten zu erfahren. Es ist immer wichtig für uns, dass jemand in der Gemeinde die Koka zu lesen versteht.

Bei dem hochprozentigen Alkohol, den man bei uns konsumiert, handelt es sich um 96%-igen Methylalkohol, der mit Wasser vermischt wird. Dieser Alkohol ist für den industriellen Gebrauch bestimmt und nicht zum Trinken. Doch in den

---

[16] Bier ist teurer als der hochprozentige Alkohol (Anm. d. Übers.).

Gemeinden wird er kanisterweise verkauft. Sogar an Orten, wo es gar keinen Laden gibt, wo man noch nicht einmal ein Streichholz kaufen kann, findet man immer diesen Alkohol.

Der Staat muss dringend den Verkauf von industriellem Alkohol verbieten. Es wird so viel über Drogen geredet, aber über die schlimmste Droge in unseren Gemeinden – den Alkohol – spricht man nicht. Es wäre gut, wenn es mehr Einsicht in diese Dinge gäbe, und wenn die Läden in den Gemeinden aus eigenem Antrieb heraus keinen Alkohol mehr verkaufen würden. Aber das ist sehr schwierig. Denn ein Laden, der keinen Alkohol verkauft, wird praktisch nichts verkaufen. Das ist meine eigene Erfahrung: Die Leute kommen in den Laden und verlangen zuerst Alkohol, dann erst kaufen sie wie nebenbei auch noch andere Sachen. Wenn nun ein Laden keinen Alkohol hat, gehen sie zu einem anderen Laden für ihre Einkäufe. Unter diesen Bedingungen ist es kaum möglich, konsequent zu sein, wenn sich nicht alle Läden einig sind. Aber ich denke, dass wir uns dafür einsetzen und solch ein einheitliches Vorgehen anstreben sollten, ebenso wie neue Formen des Handels. Es ist immer schwierig, Gewohnheiten zu ändern. Aber es ist nicht unmöglich und in diesem Fall sogar dringend notwendig.

Wir versammeln uns regelmäßig mit einigen Frauen aus verschiedenen Gemeinden, um Alternativen zu suchen. Wir versuchen, bestimmte Webarbeiten und Stofffarben wiedereinzuführen, denn einige Schwestern verstehen davon noch etwas. Zwar sind alle Gemeinden unserer Provinz mestiziert und die Frauen ziehen keine selbstgewebte Kleidung mehr an, doch einige weben noch Tragetücher und *Chumpis* für ihren eigenen Gebrauch. Wir anderen lernen das gerade wieder und entdecken dabei, wie wunderbar die natürlichen Farben und die *Pallays*, die alten Techniken des Bilderwebens, sind. Es wäre nützlich für uns, Unterstützung in Form von Kursen zu bekommen und auch Märkte zu finden, wo wir unsere handgemachten Produkte verkaufen können. Auf diese Weise würde nicht nur unsere Kultur - und damit unser Selbstwertgefühl - eine Aufwertung erfahren, sondern wir hätten auch eine wirtschaftliche Alternative zum Verkauf von alkoholischen Getränken.

Wir haben auch für die Kinder dieser Frauengruppe verschiedene Workshops zu kreativen Arbeiten und zur Erhöhung des Selbstwertgefühls organisiert. Sie sollen in der Praxis sehen, dass es Alternativen zum Alkoholismus ihrer Eltern gibt. Die Spiele, das Theater, die Handarbeiten, die Musik und die Tänze helfen ihnen, sich selbst zu mögen und zu schätzen, und darüberhinaus eine Vorstellung von einem würdigeren Lebensweg zu bekommen.

Der Alkoholkonsum führt zu großen Problemen in den Familien, wobei die familiäre Gewalt an erster Stelle steht. Wenn jemand betrunken ist, dann erinnert er sich an all die Demütigungen, die er seit der Kindheit in seinem Inneren trägt. Er erinnert sich an die Verachtung, mit der man ihn in den Städten behandelt, an die Misshandlungen, die er erlitten hat. Und bei der Sauferei steigt der ganze Hass in ihm hoch, all die innere Auflehnung, und er lässt das an seinen Familienmitgliedern aus, vor allem an den Frauen und den Kindern, die er dabei körperlich und psychisch traumatisiert. In diesen Momenten, in denen er seiner Familie Leid zufügt, fühlt er sich mutig und stark. Die Frauen machen aus Angst alles, was ihre Männer wollen, nur damit diese nicht noch ausfälliger werden. Und die Kinder, die aus solchen Beziehungen hervorgehen, stehen von Beginn an unter dem Einfluss des Alkohols, denn sie werden mit Schäden geboren, die ihre gesamte Entwicklung behindern.

Viele Frauen passen bei den ersten Schwangerschaften und beim Stillen der ersten Kinder noch auf, aber bei den letzten dann nicht mehr. Es hat schon Fälle gegeben, in denen die Mütter am Trinken waren, während sie stillten, und dann schliefen sie auf dem Baby ein und erdrückten es. Die Frauen fangen vor allem aus Enttäuschung mit dem Trinken an. Sie halten ihr Leben, so wie es ist, nicht mehr aus, aber sie sehen keine Alternativen oder Lösungen. Am Ende sind sie ebenso versoffen wie ihre Männer, und das bedeutet für ihre Kinder

Verwahrlosung und Leid. Es gibt bei uns auch viele Waisen, deren Eltern an den Folgen des Alkoholismus gestorben sind.

All das wirkt sich auch sehr negativ auf eine Organisation aus, denn wir können nie damit rechnen, dass wirklich alle kommen. Immer besteht die Möglichkeit, dass irgendwer betrunken ist und die Versammlung oder seine Aufgaben einfach vergisst, oder dass er sich gerade um seinen betrunkenen Partner kümmern muss.

Die geistigen und schöpferischen Fähigkeiten einer Person, die viel trinkt, lassen ebenfalls nach, und das wirkt sich wiederum negativ auf die gesamte Gemeinde aus, denn wir brauchen die vollen Kräfte aller Gemeindemitglieder, und nicht nur die von einigen.

Wenn ein Gemeindemitglied krank ist, leidet die gesamte Gemeinde darunter. Denn die Fähigkeiten und Tätigkeiten jeder einzelnen Person sind nicht nur für ihn selbst, sondern kommen der gesamten Gemeinschaft zugute. Das bedeutet aber, dass jede Person, die nicht mitmacht, ein Loch in dieses System reißt.

Der Alkoholismus ist ein Problem für die ganze Gesellschaft (auch in den Städten). Er hemmt die Entwicklung unseres Landes. Viele Faktoren müssten verändert werden, um das Problem auszumerzen: So bräuchten wir zum Beispiel: mehr Gerechtigkeit, Ausbildung, Selbstachtung, Veröffentlichungen zum Thema, eine Änderung der Gewohnheiten und vieles mehr. Wir sollten uns auch an unsere überlieferten Feste und Zeremonien aus prähispanischer Zeit erinnern, denn diese können uns wieder einen tieferen Lebenssinn geben. Wir müssen lernen, auch ohne Alkoholkonsum fröhlich zu sein.

Wir Frauen leiden am meisten unter der Gewalt und unter allen anderen Folgen des Alkoholismus. Doch es liegt auch in unseren Händen, etwas dagegen zu unternehmen, nach und nach unser tägliches Verhalten zu verändern, und uns darüber bewusst zu werden, dass wir selbst auf gewisse Weise zum Alkoholismus beitragen, wenn auch ohne Absicht. Wenn wir zum Beispiel für die Leute kochen, die in unseren Häusern oder Feldern die Arbeiten des *Ayni* durchführen, können wir reichlich gutes Essen und eine gesunde *Chicha* ganz ohne Alkohol und Fermentierung zubereiten. Nach dem Essen darf auch ein Gläschen serviert werden. Aber wir dürfen es nicht mehr so handhaben, wie wir das meistens getan haben, nämlich ständig Branntwein und *Chicha* einzuschenken, so dass die Leute mittags schon keinen Hunger mehr haben oder nur ganz wenig essen, und am Abend dann alle betrunken sind.

Nie sollten wir jemanden zum Trinken überreden, der das nicht will. Mit diesen dummen Sprüchen, von wegen wir seien beleidigt, wenn der andere uns etwas abschlägt, fügen wir ihm großen Schaden zu.

Wenn wir zu einem Fest oder irgendeinem anderen Treffen gehen, können wir etwas anderes als eine Flasche Alkohol schenken. So zeigen wir den Leuten, dass man auch andere Dinge miteinander teilen kann.

Am Wichtigsten ist die Erziehung der Kinder. Man muss mit ihnen über diese Dinge sprechen, vor allem auch, wenn es in der Familie einen Trinker gibt. In der Schule sollte das Thema vom ersten Jahr an behandelt werden.

Die Kinder dürfen wir niemals zum Schnaps- oder Bierkaufen schicken. Denn das beeinflusst sie auch.

Wenn wir nicht sicher sind, dass die *Chicha* natürlich und alkoholfrei ist, dürfen wir den Babys nichts davon geben.

Wir wissen genau, dass es die Eroberer und Großgrundbesitzer waren, die uns ans Trinken gewöhnten, warum also tun wir den Leuten, die uns beherrschen wollen, weiterhin den Gefallen? Manchmal behaupten wir sogar, das sei unsere Tradition, obwohl das doch gar nicht stimmt.

Wir brauchen ein gesundes Volk um voranzukommen.

Die Knospen wollen zur Blüte werden

Die häusliche Erziehung
Die Schulerziehung
Vorschläge zur Verbesserung der Schulerziehung
Alphabetisierung von Erwachsenen
Kultureller Austausch bei Workshops
Wir alle müssen dazu beitragen, dass unsere Kultur lebendig bleibt!

Werte, die für die Gemeinschaft wichtig sind, eignen sich die Kinder im häuslichen Umfeld an. Allem voran lernen sie, die Älteren zu respektieren, zu arbeiten, und ihren Eltern so weit wie möglich zu helfen. Auf dem Land sind die Kinder einfach überall dabei. Man unterweist sie so gut wie gar nicht, man gibt ihnen keine besondere Zuwendung. Sie sind einfach da, verhalten sich ruhig, und beobachten. Auf diese Weise lernen sie Dinge aus allen Bereichen, wie man die Werkzeuge benutzt, wie man das Feld bestellt, wie man die Babys trägt.

Das hat auch hervorragend so funktioniert, solange unsere Gemeinden noch intakt waren, als sich alle gleichermaßen korrekt verhielten, und als außerdem jedes Volk noch seine Weisen hatte. Heutzutage gibt es diese Einheit nicht mehr, es gibt viele schlechte Vorbilder, die die Kinder verwirren. Sie sehen, dass ihre Eltern trinken und dass der Vater die Mutter schlägt. Sie erleben, wie die Gemeinde in verschiedene Religionsgemeinschaften aufgespalten ist, und wie persönliche Neidereien grassieren. Und sie denken, dass das ganz normal sei und nicht anders ginge. Deshalb genügt es heute nicht mehr, dass das Kind nur durch Beobachten lernt. Es braucht Unterweisung, einen Lehrer und eine Schule, die es bildet, fördert und auf einen guten Weg führt und die ihm außerdem beibringt, wie es sich mit der städtischen Welt verständigen kann.

Ich denke auch, dass es in der heutigen Zeit sehr wichtig ist, dass sowohl Männer als auch Frauen sich mit allen Aufgaben im Haushalt auskennen, und auch mit anderen Arbeiten, um sich in der Familie und in der Ehe gegenseitig zu helfen, und in einem Gleichgewicht leben zu können. Es geht nicht darum, die Rollen zu vertauschen; sondern einfach darum, dass es mehr Respekt zwischen den Partnern gibt, weil dann jeder auf den Rückhalt und die Unterstützung des anderen zählen kann. Die Frau soll nicht mehr allein den ganzen Haushalt schmeißen, sondern auch eine Ausbildung genießen, die es ihr erlaubt, zur Familienökonomie beizutragen und – falls notwendig – ihre Fähigkeiten einzusetzen, um direkt am Wohlergehen der Gemeinde mitzuwirken. Die Männer werden nicht als Chauvinisten geboren, sie werden vom Umfeld dazu gemacht, vom Vorbild der Väter und der Gesellschaft. Wenn sogar die Mütter ihren Söhnen beibringen, sich von den Schwestern bedienen zu lassen, weil sie meinen, dass Männer weder kochen noch waschen sollen, dann ziehen sie sich selbst Chauvinisten und unterwürfige Dienerinnen heran. Daran müssen wir Mütter denken, wenn wir unsere Söhne und Töchter erziehen.

Wenn ein Kind vom Land zur Schule kommt, so erleidet es in der Regel einen großen Schock, denn viele Kinder werden hier zum ersten Mal voll mit der westlichen Kultur der Städte konfrontiert, die die Lehrer von auswärts mitbringen. Bei der Einschulung sprechen die Kinder ihre Muttersprache, *Runasimi*, viele können nur sehr wenig oder überhaupt kein Spanisch. Und die Lehrer können oder wollen mit den Kindern nicht in deren Sprache sprechen. Man verbietet ihnen selbst in den Pausen, *Runasimi* zu reden. In meiner Gemeinde ist es sogar vorgekommen, dass ein Lehrer einem Kind scharfe *Rocoto*-Chilis in den Mund gesteckt hat, weil es in der Pause etwas auf *Runasimi* sagte. So erfahren die Kinder vom ersten Schultag an, dass ihre Sprache nichts wert ist, dass sie gar nicht sprechen können. Die Folge ist, dass sie schweigen und nie oder nur unter großen Schwierigkeiten lernen werden, ihre Gefühle und Gedanken auszudrücken.

Man zwingt auch die Jungen dazu, ihre Haare kurz zu schneiden, und die Mädchen dürfen die Haare nur schulterlang tragen. Man sagt den kleinen Mädchen, die seit jeher zwei Zöpfe tragen, ihre Haare nicht mehr so zu flechten, nur Omas würden so rumlaufen. Sie sollen sich besser die Haare abschneiden oder zumindest nur einen Zopf flechten. Mir will es nicht einleuchten, warum ein Zopf besser sein soll als zwei. Es gibt nicht den geringsten Grund dafür. Es geht einfach nur darum, die Kinder umzumodeln, sie unserer Kultur zu entfremden, und sie so zu formen, wie es dem System in den Kram passt.

Da gleichzeitig weder die eigene Mutter noch der eigene Vater ihre Kultur und ihre Sprache schätzen, denkt das Kind zwangsweise, der Lehrer habe Recht. Es fühlt sich minderwertig und schweigt. Selbstbewusstsein kann es so nicht entwickeln. Ich kann aber nicht behaupten, dass nur die Schule diese Dinge verbreiten würde. Es ist die ganze Gesellschaft, die uns das einimpft, auch Frauen wie mir, die niemals zur Schule gegangen sind.

Ich bin mir darüber im Klaren, dass die Lehrer es überhaupt nicht leicht haben. Ihr Gehalt ist sehr niedrig, und in ihrer Ausbildung, die auf der Grundlage von westlichen und autoritären Gesichtspunkten aufbaut, lernen sie nichts über kulturelle und menschliche Erziehung. Außerdem kennen sie oftmals die Realität auf dem Land und in der Gemeinde überhaupt nicht; sie arbeiten auf dem Land, träumen aber von einem Posten in der Stadt.

Doch davon ausgehend, was ich bei den Kindern unserer Gemeinden wahrnehme, muss ich klar sagen, dass die Schule, so wie sie zur Zeit ist, in vielen Aspekten mehr schadet als nutzt. Es ist dringend erforderlich, dass das Bildungssystem geändert wird, und die Kinder so erzogen werden, dass man in ihnen keine Traumata und Komplexe auslöst. Sie müssen über unsere Kultur unterrichtet werden und man darf sie nicht ihren Wurzeln entfremden.

Mein erster Vorschlag wäre es, die Kinder in ihrer Muttersprache zu unterrichten, und dass sie erst nach und nach das Spanische als Zweitsprache lernen. Spanisch brauchen sie, um sich im Leben durchsetzen zu können, und um sich mit Schwestern und Brüdern aus anderen Landesteilen oder sogar aus dem Ausland verständigen zu können. Aber keinesfalls darf ihnen das Gefühl vermittelt werden, dass diese Sprache mehr wert sei als ihre eigene. Ich denke sogar, dass die Erziehung in den Städten ebenfalls mindestens zweisprachig sein, und jedes Kind aus der Stadt auch Quechua, Aymara oder eine andere einheimische Sprache lernen sollte, je nachdem, in welcher Gegend es wohnt. Das könnte dazu führen, dass es mehr Verständnis und Respekt zwischen Stadt und Land gibt.

Der zweite Punkt wäre die Änderung der Unterrichtsmethoden, denn diese sind sehr autoritär, verängstigen die Kinder, und fördern nicht die Mitarbeit. Sie müssen nur zuhören, schweigen, wiederholen und gehorchen – sonst nichts. Diese Art der Erziehung wird schwerlich unabhängige, geschickte und kreative Führungspersönlichkeiten unter uns hervorbringen. Für die Schulen wären die Methoden sehr nützlich, die wir in unseren Ausbildungskursen für Frauen verwenden. Mit Spielen, praktischen Übungen, Beispielen, Erfahrungsaustausch, Gruppenarbeit und in einem Klima des Vertrauens könnten die Kinder viel besser lernen.

Weiterhin ist es notwendig, die Inhalte des Unterrichts zu verändern. Die Erziehung muss von der Lage, dem Umfeld und den Erfahrungen des Kindes ausgehen. Das heißt, zunächst einmal müssen die Natur, die Arbeiten in der Gemeinde, die Lokalgeschichte und unsere eigene Kultur behandelt werden. Wenn die Kinder erst einmal etwas über ihre eigene Realität gelernt haben, kann man mit anderen Gegenden und Gebräuchen weitermachen. Dabei handelt es sich nicht im Geringsten um einen Patriotismus, wie ihn der Staat propagiert, nach dem Motto „an erster Stelle stehen wir" oder „ein Hoch auf die Peruaner", und auch nicht um einen engstirnigen Regionalismus, wie manche meinen könnten. Es geht einfach darum, ein tiefes Gefühl für unsere Wurzeln zu entwickeln, und ebenso den Respekt für alle anderen Kulturen.

In den Schulen wird nach dem öffentlichen Schulkalender unterrichtet. Die meisten der gefeierten Persönlichkeiten und Daten sind die von Schlachten und bedeutenden Spaniern. Warum bringt man unseren Kindern nichts über unseren prähispanischen Kalender und seine wichtigen Festtage bei, wie zum Beispiel die Tage der Sonnenwende?

Nicht alles, was aus der Stadt kommt, ist schlecht; nicht alles Fremde ist schlecht; und vielleicht ist auch nicht alles aus unserer Kultur gut. Aber man muss zunächst das Eigene kennen, um von dieser Grundlage aus die Welt verstehen zu können.

Wir Indígenas kennen noch nicht einmal unsere eigenen heiligen Orte, wie Ollantaytambo, Machu Picchu und andere, weil wir einfach nicht die Gelegenheit haben, aus unseren Dörfern herauszukommen und diese Dinge kennenzulernen, die doch so wichtig sind, um unsere Identität zu stärken.

Wir sagen nur, dass wir Analphabeten sind, und sind so gierig darauf, zu lernen und uns zu bilden, dass wir alles, was da zu uns kommt, mit offenen Armen empfangen. So haben wir die Nichtregierungsorganisationen empfangen, die uns für ihre eigenen politischen Zwecke ausbilden wollten. Und so haben wir auch die religiösen Sekten empfangen, die mit ihren Alphabetisierungsprogrammen aufgetaucht sind. Manchmal denken wir dann, dass wenigstens diese Leute sich an uns erinnern. Und wir denken nicht über die Motive nach, die sie zu uns führten. Denn sie kamen nicht, um uns zu helfen, sondern um ihre eigenen persönlichen oder institutionellen Ziele zu erreichen. Wir müssen bei der Auswahl unserer Helfer sehr viel vorsichtiger sein.

Warum sind es diese Leute, die Bildungsveranstaltungen in unseren Gemeinden durchführen? Warum kommen nicht solche, die uns etwas über unsere Kultur beibringen können?

Wir würden gerne lesen und schreiben lernen, um uns besser in der städtischen Welt bewegen zu können – aber nicht auf Kosten unserer Identität. Einmal nahmen wir an einem

Programm der zweisprachigen Alphabetisierung teil, bei dem wir auf Quechua lesen und schreiben lernten, und zwar mit gutem Erfolg. Leider wurde das Projekt ziemlich bald aus Geldmangel abgeblasen und wir waren noch nicht fortgeschritten genug, um alleine unter uns weiterzumachen.

Der Preis, den wir gegenwärtig zahlen, ist viel zu hoch. Die Mitarbeiter der staatlichen Alphabetisierungskampagnen bilden die Leute nur für die nächsten Wahlen aus, damit sie die Regierungspartei richtig ankreuzen können, und die Sekten wollen uns bekehren. Wir werden wieder einmal nur ausgenutzt.

Wir haben einen großen Bedarf an indigenen Führungspersönlichkeiten im Allgemeinen, und an Anführerinnen unter den Frauen im Besonderen, die sich – ohne dabei ihre Identität aufzugeben – in der modernen, städtischen Welt zu bewegen wissen, um dort die Rechte ihres Volkes nach außen hin zu verteidigen. Sie müssen stark sein und gleichzeitig sich ihrer Kultur sehr bewusst, um ihre Schwestern und Brüder auf einen besseren Weg führen zu können, und durchzusetzen, dass man sie in jeder Hinsicht respektiert. Aber sie müssen trotzdem im Auge behalten, dass auch ein Anführer seine Bescheidenheit nicht ablegen darf, im Sinne, dass er den wirklichen Führern folgen muss, nämlich den höheren Mächten der Natur.

Man muss den Städtern beibringen, uns zu respektieren, und das nicht nur, wenn wir moderne oder mestizische Kleidung tragen. Sie müssen uns so, wie wir sind, respektieren, mit unserer Kleidung, unseren Sandalen,[17] unserer Sprache und unseren Zöpfen.

Wir müssen uns wieder vereinen, die Politik und die Religionen hinter uns lassen, Vorurteile und Neidereien vergessen, damit der große Baum unserer jahrtausendealten Kultur wieder Früchte trägt.

Eine große Hilfe auf diesem Weg waren Bekanntschaften mit Schwestern anderer Quechua-Gruppen, sowie mit Schwes-

---

[17]Traditionelle indianische Sandalen, heute meist mit Sohlen aus Autoreifen. In Peru werden diese Sandalen „ojotas" genannt (Anm. d. Übers.).

tern aus dem Amazonasgebiet und mit Aymaras. Zusammen konnten wir Erfahrungen austauschen und uns gegenseitig Kraft geben. Als ich Vorsitzende der FEMCA war, bekam ich die Möglichkeit, zwei Jahre lang an einem kulturellen Austausch zwischen Frauen aus der Andenregion und dem Amazonasgebiet teilzunehmen. Diese Treffen fanden im Rahmen der Ständigen Workshops des Zentrums für indigene Kulturen Perus CHIRAPAQ alle drei Monate in einem anderen Departement Perus statt. Die Frauen aus dem Amazonas (Shipibas y Ashaninkas) haben mich ziemlich beeindruckt. Sie sind stark, zielstrebig und werden innerhalb ihrer traditionellen Organisation als Anführerinnen und Heilerinnen respektiert. Sie waren erstaunt zu hören, dass bei uns in den Bergen der Alkoholismus und die Gewalt gegen Frauen so schlimm und so weit fortgeschritten sind. In ihren Dörfern ist das nicht so. Wenn ein Mann seine Frau schlägt, wird er von der Gemeinschaft bestraft. Ebenso wenn er zu viel trinkt. Dann gibt man ihm auch Kräuter, um ihm das abzugewöhnen. Diese Frauen kennen Kräuter gegen alle Arten von Krankheiten. Sie kennen Kräutermischungen gegen Alkoholismus oder zur Empfängnisverhütung. Im Urwald hat sich noch viel Wissen erhalten, das in den Bergen schon so gut wie verloren ist. Ich empfinde tiefen Respekt für die Schwestern aus dem Amazonas. Sie werden noch mehr ausgegrenzt als wir, denn die Gesellschaft betrachtet sie als „nicht zivilisiert" und „unterentwickelt". Wie können die Leute nur so ignorant sein und so etwas sagen? Diese Völker sind weise, sie sind Ärzte (denn sie heilen ihre Krankheiten), sie sind Anwälte und Richter (denn sie schlichten ihre Probleme unter sich), sie sind Künstler (denn sie pflegen ihre wundervolle traditionelle Kunst), sie sind Lehrer (denn sie lassen nicht zu, dass Lehrer von auswärts kommen, die Lehrer müssen aus der Gemeinde sein). Wir könnten so viel von ihnen lernen.

Eine weitere, sehr nette Erfahrung war der Besuch einer Gruppe deutscher Studenten, die in drei unserer Gemeinden den Familien bei der Arbeit halfen. Gaby Franger, ihre Dozentin, erzählte uns auch von Treffen zwischen Aymara- und

Quechua-Frauen, sowie zwischen deutschen Bäuerinnen und Aymaras, die sie organisiert hatte. Solche Treffen und Austauschprojekte sind sehr wertvoll und können viel dazu beitragen, uns vereint zu fühlen und uns fester zu verwurzeln.

Zum Abschluss möchte ich gerne noch alle Mütter und alle Väter bitten, ihren Kindern alles, was sie wissen, zu lehren. Erzähle ihnen die Geschichten, die dir deine Großeltern erzählten. Wenn du weben kannst, so bring ihnen das Weben bei; wenn du heilen kannst, so lehre sie zu heilen. Bring ihnen alles bei, was du weißt und kannst, denn das wird ihnen sehr viel nutzen. Falls du keine Kinder hast oder diese aus irgendeinem Grund nicht bei dir leben, dann „adoptiere" ein Kind und unterweise es, als ob es dein eigenes wäre. Auf diese Weise wirst du dazu beitragen, dass unsere Kultur lebendig bleibt.

Wie schön wäre es für die Zukunft, wenn unsere Kinder all das, was sich unsere Generation erst so mühsam aneignen musste: sich selbst zu schätzen, sich auszudrücken, sich zu respektieren..., wenn sie all das schon von klein auf lernen würden. Wenn sie schon von klein auf im Bewusstsein ihrer Situation heranwachsen könnten. Wenn sie in Liebe zu ihrer Kultur groß werden könnten, ohne Komplexe und ohne Geringschätzung zu spüren.

Es sollte Schulen geben, die unsere Kinder auf diesem Weg voranbringen, die unsere Kultur behandeln; die das lehren, was die Kinder wirklich für ihr Leben brauchen; das, was die Gemeinschaft braucht. Und Schulen, die Aufrichtigkeit lehren. Betrügerei, Lüge und Korruption auf allen Ebenen sind so alltäglich geworden, dass manche sogar meinen, „aufrichtig sein" bedeute dumm sein. Doch das Gegenteil ist richtig. Wir könnten viel erreichen, wenn wir die Aufrichtigkeit wiedererlangen würden, so wie sie ursprünglich Teil unserer Kultur war. Mit der Aufrichtigkeit würden wir das Vertrauen zurückerobern und mit diesem die Grundlage für jegliches Projekt und jegliche Arbeit im organisatorischen Bereich. Wozu nutzt uns eine Unterstützung, die einige wenige für sich ausnutzen?

Und wie kann eine Arbeit erfolgreich durchgeführt werden, wenn alle misstrauisch sind?

Diese Schulen sollten respekt- und liebevoll lehren, und zwar zu denken, die Meinung zu sagen, zu schaffen, das Ayni zu praktizieren, nicht aber etwas nachzusprechen, ohne überhaupt zu wissen, was es bedeutet.

Wir haben doch so viele fähige Leute, so viele intelligente Kinder, denen nie im Leben eine Chance gegeben wird hervorzutreten. Wie viele Fähigkeiten und Talente schlummern in unseren Völkern, die nur darauf warten, geweckt zu werden, um blühen zu können?

Nachwort

Indigene Frauen in Peru: zwischen Marginalisierung und Aufbruch

Hilaria Supa Huamán ist eine der peruanischen *Indígena*-Frauen, die gegen ihre mehrfache Marginalisierung – als *Indígena*, als *campesina* und als Frau – kämpft und damit den Vorurteilen und der Diskriminierung dieser Gesellschaftsgruppen in Peru aktiv entgegen tritt. Wie sieht das Leben indigener Frauen in Peru aus, die sich nicht wie Hilaria politisch engagieren? Welche Rollen spielen sie in der peruanischen Gesellschaft? Und wie funktionieren die Strukturen, in denen Hilaria sich bewegt, auf regionaler, nationaler und internationaler Ebene? Dieses Nachwort versteht sich weder als Ergänzung noch als Unterstreichung von Hilarias Bericht – dies ist ebenso wenig nötig wie möglich. Es schiebt keine Informationen „nach", sondern stellt lediglich eine nüchterne Betrachtung der gegenwärtigen Situation von indigenen Frauen in Peru dar, die insbesondere vor dem Hintergrund der Jahre des Bürgerkriegs und des Terrorismus zwischen etwa 1980 und 2000 betrachtet werden muss.

In diesen Jahren wurde Peru von schweren wirtschaftlichen und politischen Krisen, von Terror und Gegenterror erschüttert, die zum Tod von etwa 70.000 Menschen führten.[18] Zu den Akteuren der Gewalt gehörten die Guerillaorganisationen *Sendero Luminoso* und *Movimiento Revolucionario Tupac Amaru* (MRTA) ebenso wie die staatliche Polizei und das Militär. Nach der Flucht des ehemaligen Präsidenten Alberto Fujimori nach Japan setzte die Übergangsregierung unter

---

[18] Zu einem knappen Überblick der geschichtlichen Entwicklung und zu den Hintergründen der Krisenjahre vgl. Helke Dreier, „Peru. Grundinformationen zu Geschichte, Wirtschaft und Politik.", 2001 Online: http://www.uni-kassel.de/fb5/frieden/regionen/Peru/grundlagen.html (26.06.2005).

Valentín Paniagua die Wahrheitskommission *Comisión de la Verdad y Reonciliación* (CVR) zur Aufklärung der Menschenrechtsverletzungen in diesen beiden Dekaden ein, die 2003 ihren neunbändigen Abschlussbericht vorlegte. Die Ergebnisse kennzeichnen die indigene Bevölkerung Perus als Hauptbetroffene der landesinternen Konflikte: drei von vier Opfern waren indigene *campesinos* und *campesinas*, deren Muttersprache Quechua war. Wie indigene Frauen diesen Konflikt erlebten und welche Konsequenzen er für die Frauenbewegung Perus hatte, soll hier ebenfalls thematisiert werden.[19] Auch Hilaria hat ihren Platz in diesen Strukturen – einen Platz, den sie sich zwischen Erfolgen und Rückschlägen, zwischen Marginalisierung und Aufbruch erkämpft hat und den sie auch für andere indigene Frauen einfordert.

***

Peru hat rund 27 Millionen Einwohner, von welchen 45% indigener, 37% mestizischer, 15% weißer und 3% afrikanischer, asiatischer oder anderer Herkunft sind. Damit ist Peru eines der Länder mit dem höchsten Anteil indigener Bevölkerung in Lateinamerika. Seit 1975 ist Quechua, von den Sprechern selbst *Runa Simi* (die Sprache des Volkes) genannt, neben Spanisch zwar die zweite offiziell anerkannte Landessprache, sie findet aber auf Grund eines unveränderten Prestigegefälles in offiziellen Räumen, z.B. in Politik und im Bildungswesen, keine Verwendung und ist weiterhin als ‚Sprache der Marginalisierten' stigmatisiert. Wenn Landbewohner in die Städte abwandern, geben sie daher häufig (auch untereinander) den Gebrauch der Muttersprache weitgehend auf. Die Sprachforscherin Eva Gugenberger hat den „raschen Prozess des Sprachenwechsels von den einheimischen Sprachen hin zum Spanischen im urbanen Gebiet" (2004: 165) empi-

---

[19] Die folgenden Ausführungen basieren auf verschiedenen Statistiken, deren Erhebungsmechanismen in diesem Rahmen nicht problematisiert werden, sowie auf der Literatur zur Rolle der Frau in Peru.

risch belegt.[20] Sie führt diesen zum einen auf die hohe Identifikation der einheimischen Sprache mit dem Herkunftsort und zum anderen auf die Angst vor Diskriminierung zurück. So zitiert sie eine Quechua-Sprecherin, die in Arequipa ansässig ist: „Wie sollte man hier im Zentrum Quechua sprechen? Das kann man hier nicht sprechen. Das wäre geradezu eine Schande [...]. Als *serrana*[21] würden sie einen bezeichnen." (ebd. 183, meine Übersetzung). Über 70% der Peruaner lebt heute in urbanen Regionen, weniger als 30% auf dem Land; eine Entwicklung, die aber erst in den letzten 60-70 Jahren im Zuge der ‚Modernisierung' stattfand, 1940 war das Verhältnis noch nahezu umgekehrt.[22]

Etwa ein Fünftel der Gesamtbevölkerung Perus lebt in extremer Armut und die Hälfte in Armut, wobei gravierende Unterschiede zwischen Stadt/Land, Region, ethnischer Zugehörigkeit und Geschlecht festzustellen sind. Extreme Armut kommt vor allem in den abgelegenen ländlichen Gebieten vor, wo hauptsächlich *Indígenas* leben. Die Abgelegenheit korreliert mit einem schlechten Zugang, sowohl geographisch als auch finanziell gesehen, zu öffentlichen Dienstleistungen wie z.B. Bildung oder medizinischer Grundversorgung, wie es in den Schilderungen Hilarias deutlich zum Ausdruck kommt. Zudem besitzen (extrem) Arme oft nur kleine und schlechte Landstriche, die sie – ebenso wie die Familie Hilarias – zwingen, zusätzlich zur eigenen Versorgung als Lohnarbeiter für größere Farmen tätig zu werden. Auch die Entsendung der Töchter als Dienstmädchen in die Städte ist eine gängi-

---

[20] Eva Gugenberger, „Dimensionen des sprachlichen Raumes. Ein Beitrag zur Migrationslinguistik am Beispiel Peru." In: Halbmeier, Ernst, Elke Mader (Hg.): *Kultur, Raum, Landschaft. Zur Bedeutung des Raumes in Zeiten der Globalität*. Frankfurt/M. 2004: 155-187. (*Jahrbuch des Österreichischen Lateinamerika-Instituts*, Bd. 6)

[21] Einwohnerin der Sierra, d.h. des Andenhochlandes. Die Bezeichnung serrana impliziert eine deutliche Abwertung, wie im Folgenden noch näher ausgeführt wird.

[22] 1940 lebten 64,6% der Bevölkerung auf dem Land und 35,4% in den Städten. (Vgl. Band VIII, S. 106 des Abschlussberichts der CVR: 2003. *Comisión de la Verdad y Reconciliación. Informe Final*. Lima: CVR.) Im Folgenden wird der Bericht unter CVR zitiert, die Bandnummern werden in römischen, die Seitenzahlen in arabischen Ziffern angeschlossen.

ge Maßnahme, um das Einkommen der Familie zu sichern. Wirtschaftliche und politische Schlüsselpositionen sind hingegen eher in den Städten anzusiedeln und überwiegend von Weißen besetzt.[23]

Die Regionen *Sierra* (Andenhochland), wo auch Hilaria herstammt, und *Selva* (Gebiete im peruanischen Regenwald) werden in statistischen Erhebungen in der Regel unter den Etiketten ländliche, marginalisierte oder isolierte Regionen behandelt. Die Marginalisierung betrifft nicht bloß die geographische Lage, sondern auch die soziale Einordnung der Bewohner. Ausdruck dessen sind schon die Bezeichnungen *indios/indias* oder *serranos/serranas*, die in Peru als Schimpfworte verwendet werden und eher dazu dienen, Machthierarchien zu etablieren als ethnischer Herkunft Ausdruck zu verleihen. Bezüglich des diskriminierenden Einsatzes dieser Bezeichnungen kommt der Abschlussbericht der Wahrheitskommission (2003 VIII: 112) zu dem Ergebnis, dass der abwertende Charakter in der Verwendung für Frauen besonders deutlich war: Er war auf Grund von Unterschieden in Geschlecht und Bildung mit zusätzlichen Assoziationen, wie Hässlichkeit, Unsauberkeit und Dummheit verknüpft und zahllose der zu Protokoll gegebenen Gewaltverbrechen gingen laut Aussage der betroffenen Frauen mit solchen Beschimpfungen einher.[24]

---

[23]Vgl. zu diesem Abschnitt und zu weiteren Informationen: Patrick Krause, *Peru. Fakten und Profile zur Armutssituation*, 1998 GTZ (Hg.). Online: http://www2.gtz.de/forum_armut/download/profile/peru_lit1.pdf (26.06.2005). Weitere statistische Informationen sind z.B. über die Webseiten des *Instituto Nacional de Estadísticas* (http://www.inei.gob.pe/) und der feministischen NROs *Manuela Ramos* (http://www.manuela.org.pe/) und *Flora Tristan* (http://www.flora.org.pe/) sowie im Online einsehbaren Abschlussbericht der Wahrheitskommission *CVR* (http://www.cverdad.org.pe/ifinal/index.php) erhältlich. (Zugriff jeweils: 26.06.2005).

[24]Der Bericht widmet den Frauenrechtsverletzungen ein eigenes Kapitel (vgl. CVR 2003 VIII: 45-100). 80% der von den Menschenrechtsverletzungen zwischen 1980 und 2000 betroffenen Frauen leben auf dem Land, 73% sind Quechua-Sprecherinnen aus dem andinen Hochland, 34% sind Analphabetinnen (ebd.: 49). Frauen nehmen indes nicht ausschließlich Opferrollen ein, sondern sind aktiv sowohl an der Bekämpfung als auch an der Ausübung von Gewalt beteiligt. Vgl. beispielsweise die Abschnitte des *CVR* zum Engagement von Frauen in unterschiedlichen feministischen und Hilfsorganisa-

Unter Betrachtung der sozialen Indikatoren Lebenserwartung, medizinische Grundversorgung, Ernährung, Bildung und Beschäftigung wird deutlich, dass Armut in Peru nicht nur ein indigenes, sondern insbesondere auch ein weibliches Gesicht hat. Der Zugang zu Bildung und Arbeit ist für Frauen stärker beschränkt als für Männer, was unter anderem der Anteil der weiblichen Analphabetinnen zeigt: Unter den insgesamt etwa 12% Analphabeten Perus sind rund 70% weiblich. Auch Hilaria betont wiederholt, welche Schwierigkeiten ihr daraus entstanden, dass sie zunächst nicht lesen und schreiben konnte. Daneben erschweren oder behindern die familiären und gesellschaftlichen Strukturen, die dem *Machismo*, der spezifisch lateinamerikanischen Form des Chauvinismus, verpflichtet sind, nicht nur den Zugang für Frauen zum Arbeitsmarkt, sondern auch deren freie Persönlichkeitsentfaltung. Unterernährung und mangelnde medizinische Versorgung sind zudem vor allem in den ländlichen Regionen der Grund für eine der höchsten Müttersterblichkeitsraten Lateinamerikas. Hierbei stehen Armut und hohe Geburtenraten in Korrelation, so dass häufige Schwangerschaften zu einem erhöhten Sterberisiko beitragen.

Die bestehenden Rollenbilder weisen der Frau in der peruanischen Gesellschaft eine traditionelle Identität zu. So werden Frauen primär über ihre Beziehungen zu Ehemann und Familie definiert, d.h. die peruanische Frau wird als Ehefrau und Mutter wahrgenommen. In diesem traditionellen Rollenbild bleibt ihr wenig Autonomie. Da in weiten Kreisen der Gesellschaft nahezu ausschließlich Männer als Entscheidungsträger akzeptiert werden, wird die Entwicklung einer eigenständigen Persönlichkeit behindert.[25] So haben laut statistischen Erhebungen Männer beispielsweise bessere und wesentlich höher dotierte Berufe, sie gelten in der Regel als Haushalts-

---

tionen (ebd.: 51-55) und in der Terroristengruppe *Sendero Luminoso* (ebd.: 55-58).

[25] Vgl. auch Anne-Britt Coe, *Salud, derechos y realidades de las mujeres en el Perú. Un análisis del proyecto ReproSalud*, 2001. El Centro para la Salud y Equidad de género (Hg.). Online: http://www.genderhealth.org/pubs/peruspanish.pdf (25.06.2005).

vorstände, sind besser ernährt und sind im Gebrauch der spanischen Sprache durchschnittlich versierter.[26] Hilaria nennt als einen Grund dafür, dass sie aktiver sein konnte als andere Frauen, dass sie keinen Ehemann hatte, dem sie Rechenschaft ablegen musste.

Gerade in den Jahren des Krieges und des Terrors übernahmen Frauen jedoch auch für solche Bereiche Verantwortung, die sonst hauptsächlich Männern zugeschrieben wurden. Wenn die Ehemänner und Söhne in den Kampf zogen, blieben die Frauen zurück und übernahmen neben der Versorgung des Hauses und der Kinder auch die Bestellung der Felder und den Schutz von Familie und Eigentum. Dies brachte sie, vor allem in den abgelegenen ländlichen Gebieten, in eine sehr angreifbare Position, wie die zahlreichen Entführungen, Vergewaltigungen, Folterungen und Morde zeigen, die von aufständischen, terroristischen und staatlichen Truppen gleichermaßen an ihnen begangen wurden: „Der Körper der Frau wird zu einem Szenario von Gewaltanwendungen und Fäusten. Er ist eine *Kriegsbeute*, die man ebenso zum persönlichen Gefallen wie zur Vernichtung der Feinde einnehmen wollte. Die Kontrolle über den weiblichen Körper wird so zu einem Instrument männlicher Dominanz und ein Symbol für die Ausübung von Macht." (CVR 2003 VIII: 69, meine Übersetzung).[27]

Da die meisten Todesopfer der gewaltvollen Auseinandersetzungen Männer waren, fiel den Frauen auch die Aufgabe der aktiven Suche nach den Vermissten und Toten, die Anklage und das Einfordern von Recht und Gerechtigkeit zu. Trotz ihrer mangelnden Spanisch-Kentnnisse und den ernied-

---

[26] Vgl. beispielsweise die Statistiken auf der Webpage des *Instituto Nacional de Estadísticas* (INEI) sowie im Abschlussbericht der *CVR*. Eine zusätzliche Problematik bei der Interpretation von statistischen Umfrageergebnissen ergibt sich daraus, dass Umfragen häufig auf Basis der Aussagen von Haushaltsvorständen durchgeführt werden, die laut einer Befragung des INEI in den Jahren 1997-2001 zu jeweils rund 80% männlich sind. Dieses INEI-Ergebnis basiert wiederum auf der Gesamtbevölkerung und liefert keine Aussage über eventuelle Unterschiede in urbanen und ruralen Regionen.

[27] Sexualverbrechen, die an Männern begangen wurden, sind laut CVR (2003 VIII: 60-61) als Strategien einer „Verweiblichung" zu verstehen, die dafür eingesetzt wurde, den Gegner zu demütigen und zu degradieren.

rigenden Erfahrungen während des Krieges, die sie zu Protokoll geben mussten, wandten sie sich dennoch an offizielle Institutionen und erarbeiteten sich eine Präsenz in der Öffentlichkeit, über die sie zuvor nicht verfügten.[28] Es waren damit nicht zuletzt die Bemühungen dieser Mütter und Ehefrauen, die sich zusammenschlossen, um ihren Forderungen Nachdruck zu verleihen, die maßgeblich mit an dem „Aufbruch" der Frauen in Peru beteiligt waren.

Dieser Aufbruch setzte schon etwas früher ein, etwa in den 70er Jahren, und manifestierte sich im Aufkommen vieler hauptsächlich von Frauen getragener Nichtregierungsorganisationen (NROs) und von Hilfsprogrammen, die Hilaria teilweise erwähnt oder deren aktive Teilnehmerin sie war bzw. ist.[29] Gabriele Küppers (2000: 23) zufolge werden etwa 80% der sozialen Bewegungen in Lateinamerika von Frauen getragen und die Autorin führt als Beispiel die Wirtschaftskrise Perus Ende der 70er Jahre an: „In den *pueblos jóvenes*, in den Armenvierteln etwa von Lima, waren es gerade und ausdrücklich die Frauen, die Überlebensstrukturen schufen, Mütterorganisationen ins Leben riefen, Glas-Milch-Komitees und Volksküchen."[30] Dies mag als ein Zeichen dafür gesehen werden, dass der Handlungsbedarf zuerst von jenen erkannt wurde, die am unmittelbarsten von der Situation betroffen waren (sind). In den folgenden drei Jahrzehnten entwickelte sich in Lateinamerika eine Welle der Frauenbewegung, die sich unter anderem in der regelmäßigen Organisation von kontinentalen Feministinnentreffen und internationalen Weltfrauentagen manifestierte. Hilaria schildert beispielsweise ihre Erfahrungen

---

[28] Vgl. hierzu genauer *CVR* 2003 VIII: 45-100.

[29] Informationen zur Frauenbewegung und zum Feminismus in Peru liefern auch: für die 70er und den Beginn der 80er Jahre: Luisa Dietrich, „Frauen in Peru." In: *Zeitschrift für Lateinamerika*, 1983, 25: 23-32; für die geschichtliche Entwicklung von prähispanischer Zeit bis heute: Krystina Tausch, *Frauen in Peru. Ihre literarische und kulturelle Präsenz*. München 1993; sowie die Dissertation Erika Straubingers: *Zwischen Unterdrückung und Befreiung. Zur Situation der Frauen in Gesellschaft und Kirche Perus*. Frankfurt/M., Bern, New York: 1992.

[30] Vgl. Gabriele Küppers, „In Bewegung geraten. Frauen und Feminismus in Lateinamerika." In: *Geschlecht und Macht. Analysen und Berichte*. Gabber, Karin et al. (Hg.). Münster: 2000: 17-36. (=*Jahrbuch Lateinamerika*, 24).

bei der Teilnahme an der VI. Regionalkonferenz der Frauen Lateinamerikas und der Karibik in Argentinien (1994) und der IV. Weltfrauenkonferenz in China (1995).

Für die 80er Jahre spricht Sonia Alvarez von einer „Professionalisierung von wesentlichen Bereichen der feministischen Bewegung Lateinamerikas" (2000: 37-38) und infolgedessen von einem „Boom feministischer NROs".[31] Die Autorin (ebd.: 41) definiert diese NROs als hybride Gebilde, die zugleich Berater und Teil der Frauenbewegung sind. Als solche stellen sie nicht nur Beziehungen untereinander her, sondern auch zu lokalen und (inter)nationalen politischen Kreisen, in welchen sie die Interessen von Frauen und/oder Feministinnen vertreten. Hier können sie erfolgreich ihr Gewicht als organisierte weibliche Wählergruppen einbringen und zur Schaffung eines „progressiven frauenpolitischen Klimas" (ebd.) beitragen.

Freilich führte diese Entwicklung auch zu einem Anstieg technisch-beratender Aktivitäten, die vermehrt von Frauen der mittleren und höheren Schichten wahrgenommen werden und die eine gewisse Entfremdungsgefahr von den Basisorganisationen bergen. Dies kommt beispielsweise in der harschen Kritik der autonomen Feministinnen an den „Institutionellen" zum Ausdruck: Die NROs seien „dekorative und funktionale Anhängsel patriarchalischer Politik" (ebd.: 51), so äußerten sie sich auf der 1996 in Chile stattgefundenen überregionalen lateinamerikanischen und karibischen Frauenkonferenz. Dies ist freilich nur eine, und zudem eine extreme Ansicht einer kleinen Gruppierung des lateinamerikanischen Feminismus, doch sorgen sich auch „Institutionelle" über die Vertragsverhältnisse zum Staat sowie anderen Geldgebern, durch die sie häufig zur Vorlage quantifizierbarer Projektergebnisse und zu (trans)nationaler politischer Relevanz verpflichtet sind (ebd.: 50). Die Vergabe neuer Projekte und Subventionen geht zudem bevorzugt an „politisch verlässliche" NROs, so dass häu-

---

[31] Vgl. Sonia E. Alvarez, „Der ‚Boom' feministischer Nicht-Regierungsorganisationen in Lateinamerika." In: *Geschlecht und Macht. Analysen und Berichte.* Gabber, Karin et al. (Hg.). Münster: 2000: 37-54. (=*Jahrbuch Lateinamerika*, 24).

fig schon in der Zielformulierung eine Art „Selbstzensur" (ebd.) stattfinden muss.

Die Aufgabe der NROs, ihren Weg durch diese Strukturen zu finden und die Balance zwischen Eigen- und Fremdbestimmtheit zu wahren, ist indes nicht einfach und Misserfolge müssen auf die jeweils zu Grunde liegenden, komplexen Strukturen hin untersucht werden. Als ein Beispiel kann hier die Sterilisationskampagne genannt werden, die insbesondere indigene Frauen traf und gegen die auch Hilaria aktiv intervenierte, dabei aber schwere Rückschläge hinnehmen musste. Susanne Schulz (2000: 55-65) geht der Frage nach, warum die großen feministischen NROs in Lima, u.a. *Manuela Ramos* und *Flora Tristan*, erst ausgesprochen spät und nur sehr verhalten auf die menschen- und insbesondere frauenrechtsverletzende Kampagne reagierten.[32]

1995 proklamierte Fujimori das „Nationale Programm für reproduktive Gesundheit und Familienplanung 1996-2000", das als Ziel die Armutsbekämpfung durch vermindertes Bevölkerungswachstum postulierte. Im Rahmen dessen wurden Ärzten und Pflegepersonal durch die Regierung mit Hilfe von Prämien oder Drohungen Quoten vorgegeben, die in den Folgejahren zur Sterilisation von zwischen 200.000 und 300.000 Personen (davon 90% Frauen) führten. Bei vielen von ihnen geschah dies ohne eigenes Wissen oder ohne ausreichende Information und Bedenkzeit. Die von Hilaria angeführte Studie *Nada Personal*[33] im Auftrag des lateinamerikanischen Frauenrechtskomitees *Comité de América Latina y el Caribe para la Defensa de los Derechos de la Mujer* (CLADEM) legt ein eindrückliches Zeugnis davon ab.[34]

---

[32] Susanne Schulz, „Leise Diplomatie. Die Politik feministischer Nicht-Regierungs-Organisationen zur Sterilisationskampagne in Peru." In: *Geschlecht und Macht. Analysen und Berichte*. Gabber, Karin et al. (Hg.). Münster: 2000: 55-65. (=*Jahrbuch Lateinamerika*, 24). Die weiteren Ausführungen zu dieser Thematik basieren soweit nicht anders gekennzeichnet auf diesem Beitrag.

[33] Giulián Tamayo (Hg.), *Nada Personal. Reporte de derechos humanos sobre la aplicación de la anticoncepción quirúrgica en el Perú 1996-98*. Lima: 1999.

[34] Zu den Spätfolgen am Beispiel des Volkes der Asháninkas äußert sich eine kürzlich (am 09.06.2005) erschienene Pressemeldung: die psychologi-

Während CLADEM damit auf die bereits ab 1996 formulierten Proteste lokaler Frauengruppen reagierte, hielten sich die großen feministischen NROs in Lima weitgehend bedeckt. Laut Schulz kann dies teilweise auf nationale politische Traditionen in Peru zurückgeführt werden. So hatten feministische NROs sich zunächst vor allem gegen konservative Gruppierungen, nicht zuletzt die katholische Kirche, der 98% der peruanischen Bevölkerung angehört, durchzusetzen. Einer konservativen Auffassung entsprach auch die Forderung nach hohen Geburtenraten zur Bildung einer „starken Nation". Ein Programm zur Geburten*kontrolle* wirkte daher durchaus attraktiver als beispielsweise eines zur Geburten*förderung*. Den Konservativen waren die neoliberalen Maßnahmen des „Fuji-Schocks" indes ein Dorn im Auge, so dass die Kirche zu den Institutionen gehörte, welche den Klagen der sterilisierten Frauen mit als erste Beachtung schenkte und sie für ihre Kritik an der Regierung Fujimoris einsetzte. Ein Grund für das Schweigen der feministischen NROs kann also in der Stigmatisierung des Konservatismus gelegen haben, welche die autoritären Maßnahmen Fujimoris im Rahmen des Familienprogramms als ‚fortschrittlich' erscheinen ließ.

Andererseits waren die feministischen NROs *Manuela Ramos* und *Flora Tristan* wiederum in das internationale Netzwerk *HERA* (Health, Empowerment, Rights and Accountability) eingebunden, das bevölkerungspolitische Programme nach den 80er Jahren nicht mehr grundsätzlich ablehnte, sondern – unter bestimmten Bedingungen – durchaus ein Potenzial für den Ausbau des Gesundheitswesens für Frauen darin sah. Sie definierten ihre Strategie als ‚partnership'-Politik und wandten sich auf den internationalen Konferenzen nicht mehr ge-

---

sche Verfassung der sterilisierten Frauen und deren Ehen seien stark angegriffen; da 30% der Asháninka-Frauen sterilisiert wurden, sei das Bevölkerungswachstum stark zurückgegangen: Im Gegensatz zu den 80er Jahren sei die Bevölkerung der Asháninkas um 13.000 auf 52.000 gesunken. Vgl. „Nativas sufren consecuencias de esterilización en Perú." Online: http://espanol.news.yahoo.com/050609/1/10wra.html (26.06.2005). Die Bevölkerungsdezimierung ist allerdings auch auf andere Formen und Akteure der Gewalt zurück zu führen, wie die Untersuchung der *CVR* für die Jahre 1980-2000 zeigt. Vgl. *CVR* V: 241-277.

gen Bevölkerungsstrategen, sondern gegen katholischen und islamistischen Fundamentalismus. Vor diesem globalen Hintergrund erklärt sich, warum die beiden großen feministischen NROs sich nicht gegen die autoritäre Bevölkerungspolitik Fujimoris wandten und sie im Gegenteil sogar unterstützen. Zudem glaubte man offenbar, sich mit dieser Position an das angenähert zu haben, was internationale Agenturen unter Bevölkerungspolitik verstanden. Auf Grund dieser Fehleinschätzung wurden Finanzierungshilfen von Agenturen angenommen, mit welchen man zuvor die Zusammenarbeit verweigert hatte. Diese Beihilfen waren dann maßgeblich am Gelingen der Sterilisationskampagne beteiligt. Internationale Agenturen, NROs und Basiseinheiten sind so auf vielfältige und komplexe Weise miteinander verknüpft und ihre Zusammenarbeit ist oft auch maßgeblich von den jeweiligen Bündnissen und den Aktivistinnen abhängig.

***

Hilaria hat in diesen Netzwerken ebenso positive wie negative Erfahrungen gemacht und beschreibt die Wechselwirkungen, welche ihre Verortung als quechuasprachige *campesina*, als *indígena*, als Frau und als Repräsentantin auf lokaler, regionaler, nationaler und internationaler Ebene mit sich gebracht haben und bringen. Indigene Frauen in Peru haben dabei eine besonders schwierige Ausgangslage und müssen sich gegen Diskriminierungen im eigenen Haushalt und Dorf ebenso wehren wie gegen die Geringschätzung, die ihnen als *campesinas*, *indígenas*, Sprecherinnen indigener Sprachen und als Frauen entgegengebracht wird. Zusammenhalt und Durchsetzung der Frauenrechte muss zunächst auf lokaler und regionaler Ebene erreicht werden, um national agieren zu können. Auf internationaler Ebene kommt hinzu, dass politisch aktive peruanische Frauen sich auch als Vertreterinnen eines ‚Entwicklungslandes' etablieren müssen, das in einem Abhängigkeitsverhältnis zu den ‚Geberländern' steht: Internationale Beihilfen hängen maßgeblich von der Regierungspolitik des Landes und den damit verbundenen Erfolgsaussichten von vorgeschlagenen Projekten zusammen.

So wird zwar unter der Präsidentschaft Toledos die neoliberale Politik Fujimoris unbeirrt fortgesetzt und der vom Internationalen Währungsfond (IWF) geforderte Sparkurs strikt eingehalten. Die wirtschaftlichen Erfolge – nach Amtsantritt Toledos boomte die Börse und die ausländischen Investitionen stiegen um 83% – gehen allerdings an den Bedürfnissen des Großteils der Bevölkerung vorbei; die Armut nimmt weiter zu, und Toledo ist so unpopulär wie kein Präsident vor ihm. Im Juli 2003 wurde erstmals eine Frau, die 55jährige Rechtsanwältin und Präsidentin der nationalen Steuerbehörde *Superintendencia Nacional de Administración Tributaria* (SUNAT) Beatriz Merino, Ministerratsvorsitzende in Peru, nachdem mindestens drei von Toledo angefragte männliche Kandidaten nicht dazu bereit gewesen waren, das Amt anzunehmen.[35]

Neben der Tatsache, dass weiterhin keine Senkung der (extremen) Armut erzielt werden konnte, steht es auch um eine Stärkung der Rolle der Frau im internationalen Vergleich nicht zum Besten: In einer kürzlich erschienen Studie des *World Economic Forum* (WEF) zum Thema *Women's Empowerment. Measuring the Global Gender Gap* nimmt Peru Platz 47 von insgesamt 58 untersuchten Ländern ein, d.h. es gehört zu den Ländern, in welchen Frauen besonders stark von Diskriminierung betroffen sind.[36] Dies darf aber weder entmutigen, noch über die erzielten Erfolge hinwegtäuschen. Die Statistik

---

[35]Vgl. Markus Rosenberger, „Erstmals wird eine Frau Ministerratsvorsitzende in Peru. Folgt der Kabinettsumbildung ein Machtwechsel?", 2003. Online: http://www.kas.de/publikationen/2003/2036_dokument.html (26.06.2005). Als Grund für die Ablehnung seitens der Kandidaten mutmaßt Rosenberger, dass sie fürchteten, die Unpopularität des Präsidenten könne abfärben. Zu den Maßnahmen der Regierung Toledos in Reaktion auf den Bericht der CVR vgl. Adrian Oelschlegel, „Was ist aus den Empfehlungen der peruanischen Wahrheitskommission geworden?"In: *Länderbericht Peru* der Konrad-Adenauer-Stiftung vom 20.4.2005. Online: http://www.kas.de/publikationen/2005/6515_dokument.html (26.06.2005).

[36]World Economic Forum (WEF), *Women's Empowerment. Measuring the Global Gender Gap*, 2005. Online: http://www.weforum.org/pdf/Global_Competitiveness_Reports/Reports/gender_gap.pdf (26.06.2005). Dem Bericht liegen fünf Untersuchungskategorien zu Grunde: Economic Participation, Economic Opportunity, Political Empowerment, Educational Attainment, Health and Well-Being.

bildet einen „Ist-Zustand" ab und liefert keine Informationen zu der Entwicklung, die in den letzten Dekaden in den einzelnen Ländern stattgefunden hat. Im lateinamerikanischen Bereich, in dem die heute aktiven Frauenbewegungen erst in den 70er Jahren des 20. Jahrhunderts aufkamen, rangieren außerdem Chile (Rang 48), Venezuela (49), Brasilien (51) und Mexiko (52) noch hinter Peru. (Indigene) Frauen in Peru kämpfen an vielen Fronten. An allen konnten jedoch trotz vieler Hindernisse vor allem in den letzten drei Jahrzehnten bereits wichtige Erfahrungen und Erfolge erzielt werden, die wertvolle Anknüpfungspunkte für zukünftige Entwicklungen bieten.

Sabine Fritz

Anhang

Gebietskörperschaften Perus

Peru ist heute in 26 Departements (auch: Regionen), 194 Provinzen, und 1.821 Gemeindedistrikte (auch: Bezirke) gegliedert. Die Departements sind seit dem Jahre 2002 (also erst nach der Entstehung des Textes) Selbstverwaltungseinheiten mit direkt gewählten Regierungen.

Hilaria Supa Huamán kommt aus der Gemeinde Huayllaqocha im Gemeindedistrikt (Bezirk) Huarocondo, welcher in der Provinz Anta liegt und zum Departement (Region) Cuzco gehört.

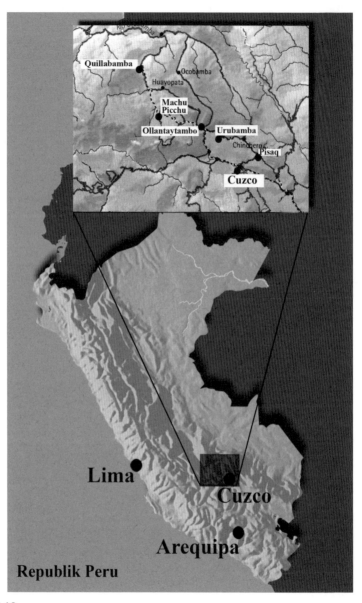

Kleine Übersicht über die Heilpflanzen, die im Text genannt werden

Im deutschsprachigen Raum bekannte Pflanzen werden mit ihrem deutschen Namen aufgeführt, andernfalls wird die Bezeichnung in der indigenen Sprache (meist Quechua) angegeben.

Gemeinsprachlicher Name	Lateinischer Name	Qualität	Zubereitung und Hauptanwendungsbereiche
Anis	Pimpinilla anisum	warm	Aufguss als Digestif.
Gerste	Hordeum vulgare	gemäßigt	Aufgekochte, getoastete Gerste gegen Durchfall, Erkrankung von Nieren und Harnwegen.
Ch'iri ch'iri	Grindelia boliviana	warm	Als Pflaster bei Quetschungen, Stößen, Brüchen, Rheuma, nach der Niederkunft.
Hamp'irosas	–	kühl	Augenspülungen gegen Bindehautentzündung.
Minze	Mentha Sp.	warm	Aufguss als Digestif und krampfstillendes Mittel. Gegen Kopfschmerzen, Durchfall und Parasiten.
Kisa (Ortiga)	Urtica urens	kühl	Aufguss zur Blutreinigung, zum Haare Waschen und nach der Niederkunft.

Gemein- sprachli- cher Name	Latei- nischer Name	Qualität	Zubereitung und Hauptanwendungs- bereiche
Koka	Erythroxylon coca	warm	Aufguss gegen Bauch- und Kopf- schmerzen, bei Hö- henkrankheit.
Maich'a	Senecio, Rudbeckii folius	warm	Bäder, Einreibungen und Wickel bei Rheu- ma und nach der Nie- derkunft.
Malve	Malva parviflora	kühl	Mittel zum Aufwei- chen, Expektorant, Wickel gegen Rheu- ma, gegen die Krank- heit, die durch „böse" Winde hervorgerufen wird, für Vaginalspü- lungen und Bäder.
Markhu	Ambrosia arbore- scens	warm	Wickel und Bäder gegen Rheuma und Gasausscheidungen, bei und nach der Niederkunft.
Molle	Schinus molle	warm	Wickel bei Rheuma, Brüchen, nach der Niederkunft.
Pilli pilli	Taraxacum officinale	kühl	Aufguss gegen Cho- lerine und Nierenlei- den.
Qalawala	Polypodium angustifoli- um	warm	Aufguss und Wickel nach der Niederkunft.
Retama	Spartium Junceum L.	gemäßigt	Bäder und Wickel bei Rheuma und nach der Niederkunft.

Gemeinsprachlicher Name	Lateinischer Name	Qualität	Zubereitung und Hauptanwendungsbereiche
Rosmarin	Rosmarinus officinalis L.	warm	Einreibungen, Bäder und Wickel gegen Rheuma, Atemwegsbeschwerden und nach der Niederkunft.
Ruda	Ruta graveolens L.	warm	Einreibungen, Wickel und Aufguss bei Rheuma, Kopfschmerzen, Ohrenschmerzen (vom Wind verursacht), bei und nach der Niederkunft.
Vino vino	Aristeguietia persicifolia	warm	Wickel und Einreibungen bei Stößen und Brüchen.
Yawar Ch´onqa	Oenosthera rosea Ait.	gemäßigt	Wickel bei Stößen und infizierten Wunden.

Daten aus C. Roersch & Van der Hoogte (1988): *Plantas Medicinales en el Sur Andino del Perú* (Medizinische Pflanzen aus den südlichen Anden Perus), Centro de Medicina Andina, Cuzco, Peru.

Glossar

Hier finden sich die im Text verwendeten Ausdrücke aus dem Quechua und dem Spanischen sowie die Namen politischer Parteien, Hilfsprogramme, Nichtregierungsorganisationen sowie sonstiger Institutionen.

Adobe	Traditionelles Baumaterial aus sonnengetrockneten Lehmziegeln.
Agrarreform	Auflösung des Hacienda-Systems und Verteilung der Ländereien an die Bauern im Jahre 1969.
AMAUTA	Fundación Indígena Amauta (FIA), 1988 gegründet, Sitz in Bolivien, fördert Indígena-Gemeinden in verschiedenen Bereichen.
Anwaltsbüro des Volkes	Defensoría del Pueblo (DDP), Ombudsmann. In Peru verfassungsmäßig festgelegte Unabhängigkeit der DDP von den Staatsgewalten. Hauptfunktion: Schutz des Bürgers vor Grundrechtsverletzungen u. behördlicher Willkür.
Apus	Schutzgeister der Anden, die auf Hügeln, schneebedeckten Bergen, in Flüssen und Seen hausen.
Arka	Weiblicher Teil der Andenflöten (Siku oder Zampoña genannt, im Deutschen als Panflöten bekannt), die sich aus männlichen und weiblichen Flöten zusammensetzen. Siehe auch: Ira.
Ashaninka	Indigener Volksstamm aus dem peruanischen Zentralamazonas (Departements Junín und Pasco, in der Gegend der Flüsse Ene und Perené).
Asustado	Eine Person, die krank geworden ist, weil sie infolge eines großen Schreckens, eines starken Eindrucks oder einer Bestürzung eine schwere Störung des Gemüts (auf Span: ánimo) erlitten hat.

Awki	Männlicher Geist, der auf Hügeln und schneebedeckten Bergen wohnt, in der Hierarchie unter den Apus (s.o.) stehend, Prinz.
Ayllu	Gemeinschaft, Familie, Organisationsform einer Gemeinschaft.
Aymara	Indigenes Volk mit Siedlungsgebiet rund um den Titicaca-See, seine Sprache heißt ebenfalls Aymara.
Ayni	Prinzip des wechselseitigen Gebens und Nehmens, gegenseitige Hilfe, Grundlage der Andenkulturen. Grundlegendes Prinzip der meisten indigenen Kulturen Lateinamerikas, in Mexiko zum Beispiel „la mano vuelta" genannt (Anm. d. Übers.).
Bayeta	Gewebter Stoff aus Schafs- oder Alpaca-Wolle, dient zur Fertigung der auf dem Land üblichen Kleidung.
CADEP	Centro Andino de Educación y Promoción "José María Arguedes", 1984 gegründet. Entwicklungshilfe für indigene Bauerngemeinden.
Cálido	Qualität einer Pflanze, eines Gerichts oder eines Getränks; hängt mit deren Einfluss auf den Körper zusammen und hat nichts damit zu tun, ob sie warm oder kalt serviert wird.
Campesino	In der Grundbedeutung Bauer; allgemein verwendet für die Einwohner der ländlichen Gegenden Lateinamerikas, wo man von Subsistenzwirtschaft lebt.
Canchita	Gerösteter Mais.
CCP	Confederación Campesina del Perú (Bauerndachverband Perus)
Chakra	Ackerland.
Chhallar/ Chhallay	Wörtlich: besprengen, begießen. Zeremonie, die bei Beginn einer Arbeit oder zur Einweihung von etwas durchgeführt wird. Chicha (s.u.) verspritzen, um die Geister einzuladen, manchmal werden auch Koka oder Blumen dazu verwendet.

Chicha	Gekeimtes und fermentiertes Maisgetränk.
Chirapaq	Centro de Culturas Indígenas del Perú – Presidencia Quechua Nacional. (Zentrum für indigene Kulturen Perus)
Chumpi	Auf dem Handwebstuhl gewebter Stoffstreifen mit sehr feinen Mustern, die sich je nach Gegend unterscheiden. Wird als Riemen benutzt, oder aber zum Festbinden der Babys und zu Heilzwecken.
Ch'uñolawa	Dickflüssige Suppe aus trockener und gemahlener Eiskartoffel.
Ch'uqlla	Typische Hütte der hochgelegenen Andenregionen, aus Stein und Stroh gebaut.
CLADEM	Comité de América Latina y el Caribe para la Defensa de los derechos de la mujer: Komitee von Lateinamerika und der Karibik für die Verteidigung der Rechte der Frau.
CMA	Centro de Medicina Andina = Zentrum für Andenmedizin
DDP	siehe: Anwaltsbüro des Volkes
Despacho	Nächtliche Zeremonie, die mehrere Stunden dauert und mit der Darbringung von Opfergaben endet.
Ein-Glas-Milch-Kampagne	(Alfonso Barrantes) el "Vaso de Leche" ("Ein Glas Milch") Staatliches Hilfsprogramm zur Verbesserung der Ernährung von Kindern aus finanziell schwachen Familien.
Estofado	Städtisches Eintopfgericht, bestehend aus Fleisch, Kartoffeln und Karotten.
FDCQ	Federación Departamental de Campesinos del Qosqo (Bauernverband von Qosqo)
FEMCA	Federación de la Mujer Campesina de Anta (Verband der Bäuerinnen der Provinz Anta)
FEPCA	Federación de Campesinos de la Provincia de Anta (Bauernverband der Provinz Anta)

FLORA TRISTÁN	Centro de la Mujer Peruana Flora Tristán, A.C. 1979 gegründet. Feministische Institution benannt nach der Frühfeministin Tristán (1803-1844). Widmet sich der Entwicklung ländlicher Gebiete und der Unterstützung der Frau (Gesundheit u.a.)
Frauen in der Einen Welt	Zentrum für interkulturelle Frauenalltagsforschung und Internationalen Austausch. 1989 gegründet, Sitz in Nürnberg. Forschung und Projektarbeit.
Fresco	Qualität einer Pflanze, eines Gerichts oder eines Getränks; hängt mit deren Einfluss auf den Körper zusammen und hat nichts damit zu tun, ob sie warm oder kalt serviert wird.
Fujishock	Streng neoliberale Wirtschaftspolitik bei Amtsantritt des Präsidenten Alberto Fujimori (1990–2000), bei der unter anderem die Staatsausgaben drastisch reduziert wurden und die das Land infolge massiver Preiserhöhungen an den Rand eines sozialen Kollapses brachte.
Hak'o	Mischung aus geröstetem und gemahlenem Mehl (z.B. Mais, Dicke Bohnen, Erbsen und Weizen).
Hallpayk-usunchis	„Kauen wir das Kokablatt auf zeremonielle Weise." Ausspruch, der dazu dient, sich gegenseitig zum Kauen von Kokablättern einzuladen.
Hamaut'as	Bei den Andenkulturen: Weise oder Lehrer.
Hanaq Pacha	Die obere oder höhere Welt. Eine der drei Ebenen der Kosmovision der Anden.
Hump'inawasi	Rituelles Schwitzen mit reinigendem Effekt.
IEPLAM	Instituto de Ecología y Plantas Medicinales, Institut für Ökologie und Medizinische Pflanzen
Indígenas	Ureinwohner bzw. deren Nachfahren. Das im Deutschen immer noch gebräuchliche Wort „Indios" wird von den Ureinwohnern des amerikanischen Kontinents als abwertend empfunden und daher in dieser Übersetzung nicht verwendet (Anm. d. Übers.).

Inkas	Andenvolk, das bis zur Ankunft der Spanier im Gebiet des heutigen Peru herrschte.
Institut für Ökologie und Medizinische Pflanzen	siehe IEPLAM
Ira	Männlicher Teil der Andenflöten (Siku oder Zampoña genannt, im Deutschen Panflöten), die sich aus männlichen und weiblichen Flöten zusammensetzen. Siehe auch: Arka.
IU Izquierda Unida	Vereinte Linke. Loser Zusammenschluss von mehreren peruanischen Linksparteien seit dem 11.09.1980.
Kay Pacha	Die Welt des Hier und Jetzt, die Dimension, in der wir Menschen uns befinden. Eine von drei Ebenen der Kosmovision der Anden.
K'intu	Für eine Opfergabe ausgewählte Kokablätter.
Kinwa	Eigentlich Quinoa geschrieben, Kinwa gesprochen. Getreideähnliche Anbaupflanze der Anden; auch, Inkakorn, Perureis oder Reismelde (Chenopodium quinoa Willd.) genannt, Körnerlieferant mit hohem Nährwert, der zunehmend auch in deutschen Bioläden beliebt ist (Anm. d. Übers.).
Kiwicha	Anbaupflanze der Anden. Getreideähnliche Pflanze mit hohem Nährwert. In Deutschland als Amaranth in Reformkostläden erhältlich.
Kokamama	Mutter Koka, Geist der Kokapflanze und ihrer Blätter.
Komitee von Lateinamerika und der Karibik für die Verteidigung der Rechte der Frau	siehe CLADEM

Kreole	Begriff, der in vielen ehemaligen Kolonialländern gebräuchlich ist, dessen Bedeutung allerdings lokalen Varianten unterliegt. Ursprünglich für die in den Kolonien geborenen Nachfahren europäischer Einwanderer (Eroberer) verwendet, heute teilweise für Mestizen schlechthin. In Peru: Nachfahren von spanischen Eroberern, die an der Pazifikküste beheimatet sind.
Kuraqmama bzw. Kuraqtayta	Weibl. bzw. männliche Respektsperson, die in einer Gemeinde auf Grund ihres untadeligen Lebenswandels als Vorbild gilt und Vertrauenspositionen wie die des Heiratsmittlers besetzt (Anm. d. Übers.).
Lakota	Indigenes Volk aus den nordamerikanischen Plains; auch Sioux genannt. Die früheren Nomaden und Büffeljäger leben heute hauptsächlich in North und South Dakota, Montana und Nebraska (Anm. d. Übers.).
Lawita	Typisches Gericht in Peru aus gemahlenen und gerösteten Mais, manchmal auch mit Kartoffeln und Gemüse.
Lliqllita	Kleines gewebtes Tuch.
MAM	Movimiento Amplio de Mujeres, Perú. Breite Bewegung der Frauen.
Mamakilla	Mutter Mond. Der Mond ist – anders als im Deutschen – in vielen Sprachen und Kulturen weiblich, die Sonne männlich (Anm. d. Übers.).
Mate	In Peru: Kräuteraufguß, Tee
Mauren	Moslems aus Nordafrika, die von 711 bis 1492 große Teile der iberischen Halbinsel besetzten.
Mayordomo	Der Mayordomo ist die rechte Hand eines Patróns (s.u.), d.h. er richtet als Zeremonienmeister die Feste für einen Heiligen aus. Hat er einen menschlichen Patrón, so ist ihm eine Verantwortung übertragen, z.B. als Gutsverwalter eines Großgrundbesitzers oder als Personalvorsteher.

Mestize	Person, die sowohl indigene als auch europäische Vorfahren hat.
Mütterklubs	Clubes de Madres, unter Alan García gegründet, werden von den Frauen selbst organisiert und geleitet, meist haben sie Familienküchen, Werkstätten, Vorschulerziehung. Pilar Nores de García, die Ehefrau des ehemaligen Präsidenten Alan García, regte die Gründung von 9.700 solcher Mütterklubs an.
Muyuy	Wechselwirtschaft (Wechsel der Anbaupflanzen auf einem Feld).
Ñañay	Auf Quechua: die Schwester einer Frau.
Ñaupamachus	Die ersten Wesen, die die Erde bewohnten.
Nichtregierungsorganisation	Nichtstaatliche und nicht gewinnorientierte Organisation, die sich auf lokaler, nationaler oder internationaler Ebene bestimmten Zielen und Aufgaben widmet, in der Regel mit humanitärem Anspruch (Menschenrechte, Umwelt, Gesundheit usw.).
Ñust'a	Weiblicher Geist, der auf Hügeln und schneebedeckten Bergen lebt, Prinzessin.
OXFAN	Englische Nichtregierungsorganisation. Antiglobalisierungs-Programme, soziale Projekte in Entwicklungsländern.
Pachakamaq	Heiliges Wesen, höchstes Wesen. Geist, der das Universum antreibt, Weltordner.
Pachamama	Wörtlich Mutter Universum, Mutter Erde. In inkaischer Tradition wird die Erde personifiziert und als Fruchtbarkeitsgöttin verehrt. Zahlreiche Opfergaben (Lamas und andere Tiere) sollen z. B. gute Ernten zur Folge haben. Pachamama ist die Gattin Intis, des Sonnengottes.

Pallay	Technik, mit der Figuren und Zeichnungen in die Stoffe der Anden eingewebt werden. Dabei kommen jahrhundertealte traditionelle Muster ebenso zustande wie individuelle Arrangements der verschiedenen symbolträchtigen Elemente wie z. B. Romben und Rauten, die je nach Kontext für Inti (Sonne) oder Chaska (Stern) stehen können, oder Zickzacklinien, die Pata (Terrassenfleder) oder Kenko Mayu (geschlängelter Fluß) bedeuten können. Oft haben auch bestimmte Gegenden oder einzelne Dörfer eine bestimmte Pallay, die sie von den Nachbarn eindeutig unterscheiden (Anm. d. Lektorin).
Panay	Auf Quechua: die Schwester eines Mannes.
Papa maway	Frühkartoffel, die im September gesät und im Februar, d.h. zwei Monate vor der allgemeinen Kartoffelernte, geerntet wird.
Papakhuru	Kartoffelwurm, Larve des andinischen Kartoffelkäfers, Kartoffelplage.
Paqarina	Ursprungsort (Quechua: paqariy = geboren werden).
Paqo	Heiler und Priester indigener Tradition aus der südlichen Andengegend.
Patrón	Von lat. pater = Schirmherr oder Beschützer. Wird einerseits für den Schutzheiligen verwendet, aber auch für jegliche Art von Chef oder Vorgesetzten (Großgrundbesitzer, Hausherr u.a.).
PEBAL	Programa de Educación Básica Laboral (Nichtregierungsorganisation). Jesuiten, die in Großstädten Perus Menschen helfen, die in extremer Armut leben.
Piqchar	Koka kauen.
PRONOI	Programa no escolarizado de educación inicial (eigentlich: PRONOEI) = Programm für Vorschulerziehung.
Pueblo Joven	Neusiedlung am Rand einer großen Stadt, Elendsviertel.

Puqio	Energien von Wasserquellen, die am Körper Wunden verursachen können.
Pututo	Kuhhorn
Q'aytu	Handgesponnene Schafs- oder Alpacawolle.
Qena	Flöte aus Zuckerrohr, Instrument der Urbevölkerung.
Quechua	Indigenes Volk, im gesamten Andenraum beheimatet. Seine Sprache heißt Quechua oder Runasimi.
Rancha	Von Pilzen hervorgerufene Plage, die Kartoffeln, Kinwa, Dicke Bohnen und andere Anbaupflanzen befällt.
Rimanakuy	Dieses Rimanakuy genannte Ritual lief nach festen Gesprächsregeln ab: Die Personen, die um die Hand eines Mädchens anhalten wollten, das heißt, der junge Mann und seine Eltern, suchten einen *Kuraqtayta* oder *Kuraqmama* auf. Dabei handelte es sich um eine ältere Personen, die in ihrem Leben der Gemeinschaft mit gutem Beispiel vorangegangen war und von dieser geachtet wurde. Alle zusammen gingen dann zum Haus des Mädchens, und das Gespräch verlief folgendermaßen: Der Vater des Mädchens erkundigt sich, ob der Brautwerber auch richtig mit seinem Werkzeug umzugehen weiß und ob er seine Felder ordentlich bestellt. Der Vater des jungen Mannes verspricht – mittels des Kuraqtayta -, dass er seinem Sohn helfen und ihm alles beibringen wird, was dieser möglicherweise noch lernen muss. Er verspricht auch, keinerlei Misshandlungen zuzulassen und darüber zu wachen, dass der junge Mann seine künftige Frau gut behandeln wird. Die Mütter unterhalten sich getrennt.

Rimanakuy (Forts.)	Deshalb litten die Paare früher nicht so sehr wie heute, die Frau konnte jederzeit die Ältesten rufen, die dann den Ehemann zur Rede stellten und korrigierten. Man brauchte weder Polizei noch Richter. Noch bis vor ungefähr 40 Jahren war dieser Brauch in Huayllaqocha lebendig. Nach dem Bericht von Isabela Condor, 65 Jahre alt, Bauerngemeinde Huayllaqocha.
Rocoto	Sehr scharfe Chili-Art.
Runa	Auf Quechua: Mensch, d.h. Menschen, die das Ayni (s.o.) miteinander teilen.
Runasimi	Anderes Wort für die Quechua-Sprache. Runa = Mensch, Simi = Wort.
Rutuchi	Das Fest, bei dem einem kleinen Kind zum ersten Mal die Haare geschnitten werden. Auch: Trigo ichhuy.
Salish	Indigenes Volk aus aus der nordwestlichen Pazifikregion Kanadas.
Saltado	Fleischgericht, das in den Städten gegessen wird.
Selbstputsch	Bruch mit der Demokratie seitens einer Regierung, die ursprünglich demokratisch gewählt wurde. Beim Selbstputsch des Präsidenten Fujimori im Jahre 1992 wurde das Parlament aufgelöst und die Verfassung außer Kraft gesetzt.
Shipibo	Indigenes Volk, das in der Gegend um den Fluss Ucayali im peruanischen Amazonas beheimatet ist.
Siku	(Aymara-Sprache) Musikinstrument aus den Anden (Panflöte). Das spanische Wort lautet Zampoña.
Sikuri	Autochthone Musik mit Sikus (s.o.).
Sonqopa	Art und Weise, wie der Chumpi (s.o.) vorbereitet wird, um eine Frau kurz nach der Niederkunft damit zu wickeln.
Soq'a	Krankheit, die ausgelöst wird, wenn man den Geistern, die in Höhlen, Felsen und Bäumen wohnen, keinen Respekt entgegenbringt.

Taptiy	Vorgehensweise der traditionellen Geburtshelferinnen, um das Baby bei der Geburt in die richtige Lage zu bringen.
Tarwi	Andenlupine (Lupinus mutabilis), deren Samen sehr reichhaltig an Proteinen sind und seit inkaischen Zeiten auf dem Speiseplan der Anden stehen. Während der Kolonialzeit wurde sie durch den Weizenanbau fast verdrängt und erfährt erst in neuester Zeit wieder Wertschätzung (Anm. d. Lektorin).
Tarwiuchu	Aus gemahlenem Tarwi (s.o.) zubereitetes Gericht.
Tayta Inti	Vater Sonne (siehe auch: Mamakilla).
Tematskal	Schwitzbad. Das Schwitzen ist bei vielen indigenen Völkern Amerikas nicht nur eine rituelle Körperreinigung, sondern auch eine Opferhandlung.
Tinya	Kleine Handtrommel, wird von Frauen gespielt.
Trigo ichhuy	Siehe Rutuchi.
Turay	Auf Quechua: Bruder einer Frau.
Ukhu Pacha	Unterwelt. Eine der drei Ebenen der Kosmovision der Anden.
Universo	Das Ganze, die gesamte Realität, so wie wir sie kennen.
Unkhuña	Kleine, sehr feine, auf dem Handwebrahmen gewebte Decke. Wird benutzt, um Koka aufzubewahren und zu lesen. In einigen Gegenden wird der Ausdruck auch für Babytragetücher verwendet.
Vaso de Leche	(Ein Glas Milch) Staatliches Hilfsprogramm zur Verbesserung der Ernährung von Kindern aus finanziell schwachen Familien.
Wak'a	Heiliger Ort.
Walt'asqa	Kräuterbinde, mit der der Bauch der Frau nach der Niederkunft gewickelt wird. Der Ausdruck wird auch für das Einwickeln (am ganzen Körper) des Babys verwendet.

Wankay	Zeremonialgesänge anlässlich der Aussaat.
Warmikuna Rimanchis	„Wir Frauen sprechen." Radioprogramm auf Quechua.
Warmimunakuy	Traditionelle Vorgehensweise, um um die Hand einer Frau anzuhalten.
Wasichakuy	Hausbau.
Wayq'ey	Auf Quechua: Bruder eines Mannes.
Weltgebetstag der Frauen	Weltweite Feier eines ökumenischen Gottesdienstes jedes Jahr am ersten Freitag im März. Existiert seit 1887, seit 1927 auch in Deutschland.
Willkamayu	Milchstraße, auch der Fluss, der durch das Heilige Tal der Inkas fließt (auf Spanisch Vilcanota-Fluss).
Wiraqocha	Wörtlich „Leuchter", „Lampe". Es handelt sich um den Schöpfergott der Inkas, der das ganze Universum in all seinen Manifestationen symbolisiert. Er ist gleichzeitig Licht- und Zivilisationsbringer, ein Wesen aus Licht, das für die Indígenas ein spiritueller Führer und Lehrmeister ist. Der Begriff wird auch als höfliche Anrede für „Herrschaften" oder Mestizen verwendet.
Yuyuhauch'a	Gericht auf Grundlage von Yuyu (weißer Rübe), deren Blätter bei Regen auf den bebauten Äckern wild wachsen.
Zampoña	Spanisches Wort für Siku (s.o.).
Zentrum für Andenmedizin	siehe CMA.